사장의 인문학

사장의 **인문학**

사장이라면 평생 가져야 할 인문학 키워드 30

초판 1쇄 발행 2013년 7월 25일
초판 2쇄 발행 2013년 8월 20일

지은이 이현숙

펴낸이 박세현
펴낸곳 팬덤북스

기획위원 김정대·김종선·김옥림
영업 전창열
편집 김종훈·임소연
디자인 강진영

주소 (우)121-250 서울시 마포구 성산동 275-60번지 교홍빌딩 305호
전화 070-8821-4312 ┃ **팩스** 02-6008-4318
이메일 fandombooks@naver.com
블로그 http://blog.naver.com/fandombooks

등록번호 제25100-2010-154호

ISBN 978-89-94792-66-8 13320

사장이라면
평생 가져야 할
인문학 키워드
30

사장의 인문학

이현숙 지음

팬덤북스

정상은 쉬운 자리가 아니었으니

마지막 원고를 정리하며 마음이 착잡했다. 얕고 부족하기만 한 글들이었다. 세상에 내놓을 엄두가 나지 않아 몇 번을 고민하다 결국 일을 저지르고 말았다.

백두대간을 종주한 적이 있다. 호기심과 과시욕에 부려 본 청춘의 호기였다. 산 정상에 올라 보니, 그곳은 최고가 아니라 수

많은 점들 중의 하나였다. 그 점들은 다시 선들로 이어져 산을 이루고 맥을 이루어 어딘가로 향하고 있었다. 정상은 우쭐거리는 자리가 아니라, 호령하는 자리가 아니라, 높은 곳에서 멀리 볼 줄 알고, 넓고 깊은 품으로 안고 가야 하는 자리임을 깨달았다.

조직의 정상에 선 사장들의 애환을 듣다 보면 웃음도 나고 눈물도 난다. 어디 사장뿐이겠는가. 삶의 질곡이란 게 모두 그렇지 않나. 그들에게 사업은 생사였고, 성패였고, 희비였고, 애락이었다. 직원들과 그 가족들, 협력 업체들은 물론 그들의 또 다른 회사들과 함께 가야 할 동반성장의 길이었다.

뭔가 도움이 되고자 시작한 일이었다. 책임과 의무에 묶여 그 외의 것은 돌아볼 새도 없이 바쁘게 사는 사장들에게 시원한 물 한잔을 건네고 싶었다. 그렇게 글을 쓰다가 내 생각이 틀렸다는 사실을 알았다. 도움을 받아야 할 쪽은 오히려 나였다.

여기 놓인 글들은 그동안 은행에 다니며 만난 사장들의 이야기다. 실명을 밝힐 수 없어 알파벳으로 그들의 이름을 대신했다. 몇몇은 사전에 동의를 구하지 못하고 글을 올린다. 성이 나시더라도 너그럽게 양해해 주시길 바란다.

책을 내자는 팬덤북스 박세현 대표의 제안에 생각 없이 덥

석 뛰어들었다. 원고를 마무리하고 보니 내겐 큰 성찰과 배움의 시간이었다. 이런 소중한 기회를 준 그에게 진심으로 감사하고 싶다.

산의 정상도, 조직의 정상도 쉬운 자리가 아니다. 한 길 사람 속도 모른다지만, 이제는 알겠다. 그들의 속에 가득 찬 찬란한 고독과 사회적 사명, 그리고 열정의 온도가 얼마나 뜨거운지를…….

contents

"세상이 환장한 것 같다!"

봄꽃 흐드러지던 어느 날 은행을 찾은 J 사장이 불쑥 말을 꺼낸다. 그도 '나처럼 봄 몸살을 앓고 있구나' 싶어 맞장구를 치려는데, 그의 말이 이어진다.

"세상 참 무섭다. 믿을 놈이 없어."

무슨 일인지 J 사장은 불편한 심기를 내보인다. 어제의 틀로는 오늘을 버텨 내기 어렵고, 내일도 계속 살아 있으리라는 보장이 없다는 요지로 그는 말한다. 뭔가 잘 풀리지 않는 모양이다.

30여 년 동안 자동차 부품을 납품해 온 그는 엔지니어 출신 CEO다. 인생의 절반을 자동차 브레이크 부품 만드는 일에 쏟았지만, 정작 자신의 인생은 브레이크 고장 난 자동차처럼 앞만 보며 달려왔단다. IMF 폭풍 때는 그나마 앞이 보였다. 요즘은 도무지 예측이 불가능하다. 이게 맞는지, 제대로 가고 있는지 확신할 수가 없다. 확실한 것은 '불확실하다는 사실' 뿐이다.

다들 변해야 산다고들 한다. 모르는 바 아니다. 그러나 무엇을 어떻게 바꾸어야 하는가? 불안하다. 세상에 믿을 거라고는 마누라랑 내비게이션뿐이라는데, 솔직히 이마저도 100% 확신할 수 없다. 어디, 내 인생의 길잡이가 되어 줄 믿을 만한 내비게이션은 없을까.

중세 유럽의 몰락

《로마인 이야기》를 쓴 시오노 나나미는 '보고 싶고, 알고 싶고, 이해하고 싶은 욕망의 폭발'이 르네상스Renaissance 라고 했다. 화가인 조르조 바사리Giorgio Vasari가 처음 사용한 이 말의 사전적

의미는 '재생Rebirth'이다. 학창 시절 세계사 시험의 단골 문제로 나왔던 르네상스는 '그리스·로마 문명의 부흥'이었다.

지금도 르네상스는 여전히 진행 중이다. 문화 관광 프로젝트로, 이공계 살리기 전략으로, 도시 재건축의 모토로, 카페나 숙박업체의 상호로도 이름값을 톡톡히 하고 있다. 15세기 르네상스는 그러나 단순한 변화가 아니었다. 거대하고 중대한 전환이었다. 르네상스라는 강력한 신기류의 등장에 중세 유럽은 속수무책이었다.

로마 멸망 이후 중세 유럽을 통합한 첫 번째 아이콘은 종교다. 당시 교회는 전 유럽을 연결하는 네트워크를 가지고 있었다. 1077년 카노사에서 황제의 무릎을 꿇게 한 뒤로 교황은 무소불위의 막강한 힘으로 군림했다. 종교는 신분의 높고 낮음을 막론하고 모든 이들에게 최고의 가치였으며, 천국으로 가는 유일한 티켓이었다.

두 번째 통합의 아이콘은 전쟁이었다. 약탈과 정복이 빈번하던 중세 유럽은 기사를 중심으로 모병 체제를 구축하고 크고 작은 전투에 가담했다. 주군과 기사는 계약으로 결합했다. 기사는 주군에게 충성을 맹세하고, 주군은 기사에게 원조를 약속하는 양해각서MOU 체결 방식이었다. 젊고 용감한 기사들을 얻기 위해 주군들은 자신의 아내를 이용하기도 하였다. 일종의 로맨스 전략이었다.

주군의 아내와 기사의 스캔들은 당시 심심찮은 풍속도였으며, 여성을 보호하는 기사도 정신이 여기서 유래했다. 이렇게 결성된 민병대는 1차 십자군 원정이 시작된 1095년 성지 탈환을 위한 대규모 군대를 소집하면서 유럽을 더욱 강하게 결집시켰다.

중세 유럽을 규정짓는 세 번째 아이콘은 농노제다. 중세 유럽은 크게 성직자, 귀족, 기사, 농민 등의 신분으로 나뉘어 있었다. 당시 농민은 영주의 토지를 경작하고 그 대가로 생존을 보장받는 농노가 대부분이었다. 농노는 노예와 달리 집이나 농업 기구 같은 재산을 소유할 수는 있지만, 이사를 가거나 직업을 바꾸지는 못했다.

중세 유럽은 종교, 전쟁, 농노제 등의 공통적인 구조와 제도를 공유하고, 소수의 필요에 의해 다수가 봉사하는 체제로 움직였다. 13세기 말이 되자 교회의 교리와 관행에 대한 불만이 불거지면서 군주들의 공세가 이어졌다. 교황이 감금되는가 하면, 1309년 ~1377년 동안 로마 교황청이 아비뇽으로 옮겨져 프랑스 왕의 지배를 받는 굴욕을 당하기도 했다. 그 후 교황권을 차지하려는 세력들이 서로 자신이 교황임을 주장하면서 교회가 분열하기 시작했다. 새로운 시대의 서막을 알리는 시그널이었다.

전쟁 방식도 전환점을 맞았다. 수세기 동안 전쟁을 수행했던 궁수와 보병, 기병대는 새로운 무기의 발명으로 일자리를 잃었다.

바로 화약이었다. 견고하던 성들은 명성을 잃고 파괴되었으며, 성벽은 유린당했다. 개인의 용맹성은 더 이상 전쟁에서 승리를 이끌어 내지 못한 채 퇴역 군인의 무용담에서나 존재했다.

그리고 흑사병. 이 재앙이 몰고 온 엄청난 규모의 인구 감소는 옛 질서를 무너뜨리며 고용 구조에 일대 변혁을 가져왔다. 1450년경 유럽의 인구는 150년 전에 비해 많아야 절반 정도였을 것으로 추정한다. 즉, 전통적인 예속 관계로는 농지 경작이 어려워졌다는 의미였다. 농노 해방이 유일한 대안이었다.

농노 해방으로 지주는 땅을 경작해 줄 농민에게 임금을 제시하는 방법을 써야만 했다. 봉건적 관계에서 해방된 이들 중 다수가 도시로 몰리면서 노동자 계급이 생겨났다. 교역을 통해 부를 쌓은 신흥 상인들은 산업의 기반을 이루며 정치 세력으로 부상하였다.

신에서 인간에게로

거대한 변화는 종종 작은 변화들을 미리 앞세운다. 변화의 키워드는 작은 변화들 속에 있다. 변화의 속을 알 리 없는 중세 유럽이 몰락의 길을 간 것은 당연한 귀결이었다. 최고라 여겼던 가치들이 공격을 받고, 전래의 지식과 관습이 무너지면서 사람들은 서서히 다가오는 변화의 움직임을 느꼈다. 중세가 흔들리면서 르네상스가 다가오고 있었다.

그렇다면 왜 하필 이탈리아 피렌체에서 르네상스가 시작되었을까. 그 이유는 로마 교황청의 주거래 은행이 피렌체에 있었기 때문이다. 당시 교황청은 유럽 전역에서 들어오는 막대한 자금을 관리할 은행이 필요했다. 피렌체의 메디치은행이 바로 이 비즈니스의 주역이었다. 13세기 피렌체의 화폐 플로린Florin은 당시 유럽의 기축 통화였다. 이미 경제의 중심이 피렌체였다는 얘기다.

전 유럽으로 지점을 확장하던 메디치 가문은 교회의 분열이 한창이던 때에 불법 교황으로 투옥되었던 피사의 교황 요한 23세를 거금을 내고 석방시켜 주면서 일약 영웅으로 떠올랐다. 그 과정을 지켜본 유럽의 군주들과 후대 교황들이 앞다투어 메디치은행에 러브콜을 보냈다. 믿을 만한 은행이라는 것이었다. 이를 계기로 피렌체는 금융의 중심지로 자리 잡으며 유럽의 돈줄을 쥐게 되었다. 그 돈줄을 바탕으로 르네상스를 꽃피운 것이다.

길드와 함께 성장한 시민 계급은 정치적으로 힘을 받으면서 피렌체 공화정을 떠받치는 주춧돌이 되었다. 도시로 모여든 지식인들은 자신들의 아이디어를 활자화했다. 성서를 비롯한 서적들이 인쇄되었고, 사람들은 출판물을 통해 신과 소통하였다. 신은 이제 더 이상 성직자들의 전유물이 아니었다. 인간의 내면을 노래한 시인들, 인간의 육체에 눈을 돌린 예술가들이 서로의 영감을 교환했고, 인간의 희로애락을 공유했다. 아름다움에 대한 탐구가 거룩한 신에게서 고뇌하는 인간으로 이전된 것이다. 억눌려 왔던 개인의 감정도 밖으로 뛰쳐나왔다. 사람들은 새로운 방식의 삶을 꿈꾸었다. 마침내 중세의 커튼이 걷히면서 세상은 신의 모드에서 인간의 모드로 전환되었다. 봉건적 가치들은 재생 불가능한 것으로 분리되어 과거 속으로 수거되었다.

르네상스의 본질, 변화

지속 가능한 성장은 변화를 필수 조건으로 한다. 10년을 못 버티고 문을 닫는 회사가 부지기수다. 왜일까? 스탠더드앤푸어스 S&P에 따르면 기업의 평균 수명은 고작해야 15년이라고 한다. 우리나라 중소기업은 10년 남짓에 불과하다. 1896년 '다우존스 산업평균 주가지수'를 처음 산정할 때 편입됐던 12개 종목 중 현재까지 남아 있는 기업은 제너럴일렉트릭 하나뿐이다. 1970년 〈포천〉지가 선정한 세계 500대 기업 중 3분의 1이 10년 만에 탈락했다. 요즘은 그 주기가 더욱 짧아졌다고 한다.

우리나라도 예외는 아니다. 지난 10년 사이 시가 총액 상위 100대 기업 중 40%가 넘는 기업이 바뀌었고, 30년 동안에는 70%

이상이 교체되었다. 주력 업종도 크게 달라졌다. 1980년에는 건설, 섬유, 식품, 금융, 제약 분야가 선두를 지킨 반면 2010년에는 금융, 전자·통신, 건설, 조선, 자동차로 재편성되었다.

변화의 주기가 짧아질수록 기업의 수명도 단축된다. 기업의 수명이 짧아지는 이유로는 환경 변화와 폭풍 경쟁, 신기술 등이 꼽힌다. 잘나간다고 우쭐대거나 변화와 혁신을 등한시하다가는 내리막길을 걷게 된다는 얘기다.

J 사장 말마따나 세상이 무섭게 변한다. 세상에 변하지 않는 것은 없다. 열흘 붉은 꽃이 없고, 달도 차면 기운다. 사랑의 맹세가 언제까지 유효하던가. 르네상스의 본질 또한 '변화'였다. 헌 밧줄을 놓지 않던 중세가 변화의 새 밧줄 앞에서 퇴출당할 수밖에 없었던 것은 당연한 귀결이다.

21세기 변화의 격랑 앞에서 사장들은 늘 고독한 결단을 내려야 한다. 그 결단은 두려움을 동반한다. 그렇다면 '우리가 두려워할 것은 두려워하는 것 그 자체'라는 프랭클린 루스벨트의 말을 상기해 보자. 필요하다는 판단이 섰다면 두려움을 물리치고 과감한 결단을 내려 보길 권한다.

J 사장에게 성능 좋은 인생의 내비게이션 하나를 전해 주기 위해 퇴근 후 서점을 향했다. 환장하게 아름다운 봄날이었다.

02

투자만이 살길이다

—

〈메디치 스토리〉

크리스토퍼 히버트 | 생각의 나무

A 사장은 매일 아침 제2공장 신축 현장에 들르는 것으로 일과를 시작한다. 외벽 공사가 한창이다. 담당 이사가 공사 진척 상황을 수시로 보고하는데도 직접 와서 봐야 성이 풀린다. 그도 그럴 것이 나라 안팎이 위기니, 침체니 하는 시기에 어렵게 결정한 시설 투자였기 때문이다. 점차 건물의 행색을 갖추며 쌓아 올라가

는 공장을 볼 때마다 뿌듯하면서도 한편으로는 걱정이 앞선다. 최고경영자에게 결정은 언제나 자신과의 힘겨운 협상이다. 이번 투자도 고심 끝에 결론을 내렸다. 이제 사업의 일부가 분리되어 신공장으로 이전해 성장의 틀을 다질 것이다.

쓰리고three高의 시대라고 한다. 고부채, 고실업, 고위험, 뭐 하나 호락호락하지가 않다. 어디 올라가는 것뿐인가. 저성장, 저금리, 저환율은 또 어떤가. 올라가야 할 것은 내려가고, 내려가야 할 것은 올라간다. 사장의 뱃속이 편할 날이 없다. 게다가 사자가 토끼밥 넘보듯 대기업까지 골목 상권에 뛰어드는 지금, 투자는 언감생심 꿈도 꾸기 어렵다. 그러나 리스크 없는 투자는 없다. 위험을 감수하려 하지 않는 자세는 이미 위험에 처했다는 뜻이다. 투자를 주저하고 혁신으로 무장하지 않으면 차세대에게 물려줄 것이 없다.

메디치 가문의 급부상

중세의 단단한 껍질 속에 꿈틀대던 변화의 씨앗들은 르네상스를 통해 세상에 표출되었다. 지식을 독점하던 성직자의 시대는 가고 신에게서 분리된 사람들이 세상의 중심이 되었다.

피렌체가 르네상스의 산실이 된 배경은 메디치 가문이 이끈 경제 부흥이다. 예술가들에 대한 메디치 가문의 전폭적인 투자와

지원이 없었다면 미켈란젤로나 보티첼리도 익명의 개인으로 끝났을 것이다. 르네상스라는 큰길에서 뻗어 나간 곁가지 길들을 따라가 보면 그 끝은 반드시 메디치 가문에 닿아 있다. 새로운 것, 위대한 것의 제조와 유통이 메디치의 집에서 시작되었다.

메디치 가문은 직물업을 하던 평범한 중산층이었다. 1252년부터 유통된 피렌체의 화폐 플로린이 차츰 유럽의 기축 통화로 사용되면서 피렌체는 금융의 중심지가 되었다. 1397년 피렌체에 메디치은행 본점을 설립한 메디치 가문은 이후 교황을 두 명이나 배출하는 유럽 최고의 명문가로 성장한다.

메디치 가문 하면 코시모 데 메디치Cosimo de' Medici와 그의 손자 로렌초 데 메디치Lorenzo de' Medici를 위대한 인물로 꼽는다. 르네상스에 미친 이들의 영향이 그만큼 지대하다.

코시모의 부친 조반니 디 비치 데 메디치Giovanni di Bicci de' Medici는 당시 불법 교황으로 몰려 투옥되었던 요한 23세에게 거액의 대출을 해줘 벌금을 내고 석방되도록 도왔다. 메디치은행의 주요 고객이었기 때문이다. 이 일로 메디치은행의 신뢰성이 확고해지면서 로마 교황청의 막대한 자금을 운용하게 된다. 그러자 유럽 각국에서 거물급 고객들이 몰려들면서 메디치은행은 성공 가도를 달리기 시작했다.

조반니의 아들 코시모는 여행을 좋아하여 유럽 각지의 고객들을 만나 시대의 흐름을 읽었고, 현실을 파악했다. 그는 노동자들을 이해했으며, 자신이 고소득층이었음에도 불구하고 누진세를 주장했다. 늘 검소한 차림이었던 그는 겸손한 태도를 잃지 않았고, 노인들과 관료들도 극진히 대했다. 그가 시민들로부터 존경과 사랑을 한 몸에 받자 메디치 가문의 급부상을 경계하던 경쟁자들에 의해 추방되기도 했다. 1년 만에 피렌체로 돌아온 그는 적이었던 알비치 가문에 대한 정치 보복을 일체 하지 않았다. 노련한 정치 수완이었다. 피렌체 시민들은 그의 자비로운 모습에 탄복해 지지를 보냈고, 코시모는 피렌체의 실질적인 통치자가 되었다.

메디치 가문의 과감한 투자

학문과 예술의 발전은 경제 성장과 비례한다. 백 년에 한 명 태어날까 말까 하는 수많은 천재들이 부의 도시 피렌체에 모여들었다. 15세 레오나르도 다빈치는 안드레아 델 베로키오Andrea del Verrocchio의 공방에서, 13세 미켈란젤로는 도메니코 기를란다요Domenico Ghirlandajo의 공방에서 수련생 생활을 시작했다. 라파엘로가 선배들의 뒤를 이었다. 메이저를 꿈꾸며 평생 마이너에 머물렀던 이름 없는 천재들도 피렌체 곳곳에서 서로의 기량을 겨루며 경쟁했다.

부자와 강자를 거스르지 않고 빈자와 약자를 배려했던 코시모는 인문학을 중시하는 경영자였다. 정치력과 경제력을 모두 갖춘 코시모는 문화 대국을 꿈꾸었다. 문화의 발전 없이 선진국이 될 수는 없었다. '플라톤 아카데미'를 창설하여 학문을 장려하고, 신철학을 전파했다. 예술가들이 새로운 사상과 세계를 시각화했고, 메디치는 그들의 작품에 투자했다. 회화, 조각, 건축의 3대 장르에 일대 혁명이 일어났다. 평면이 입체로 바뀌었고, 원근법이 등장했다. 손에 잡힐 듯한 사실적인 세계가, 신이 아닌 인간의 참모습이 재현되었다.

회화의 마사초Masaccio, 조각의 도나텔로Donatello, 건축의 브루넬레스코Brunellesco가 15세기 전반을 이끌었던 코시모 르네상스의 3대 거장들이다. 마사초는 〈낙원에서 추방되는 아담과 이브〉에서 수치스러움에 괴로워하는 인간을 그렸고, 도나텔로는 〈막달라 마리아〉라는 늙고 추한 마리아상을 조각했다. 브루넬레스코의 두오모 성당의 돔은 피렌체의 스카이라인을 바꾸어 놓았다. 사람들은 혜성처럼 등장한 천재들에게 열광했으며, 그들의 작품에 환호했다. 특히 도나텔로는 코시모가 유독 아꼈던 조각가였다. 그의 작품을 두고 고객들과 충돌이 잦자 창작에만 전념할 수 있도록 자신의 농장을 통째로 주기도 했다. 메디치의 아낌없는 후원에 예술가들은 걸작으로 보답한 것이다.

코시모가 르네상스를 파종했다면 그의 손자 로렌초는 화려한 꽃을 피우며 르네상스의 두 번째 전성기를 열었다. 사실 로렌초의 집권 초기는 위기의 연속이었다. 부활절 미사를 앞둔 1478년 산타 마리아 델 피오레 성당에서 '파치Pazzi 가의 암살' 사건이 발생했다. 잘나가는 메디치 가문을 못마땅해했던 교황 식스투스 4세 Sixtus IV 와 경쟁 은행이었던 파치 가문의 음모였다. 로렌초의 동생 줄리아노만 현장에서 죽고 로렌초 암살 계획은 실패했다. 이 사건을 계기로 로렌초는 피렌체의 제1인자로서 위상을 굳혔다. 파치 가문의 음모자들이 줄줄이 교수형에 처해지던 날, 베키오 궁전 광장에 있던 레오나르도 다빈치가 암살자들의 처형 모습을 스케치했다.

르네상스, 화려하게 꽃피다

로렌초가 통치한 1469년부터 1492년까지 피렌체는 이루 헤아릴 수 없는 천재들과 함께 르네상스 비즈니스의 최고 전성기를 맞는다. 로렌초가 후원한 천재들에 의해 르네상스는 예술적 빅뱅을 일으키며 서양 미술사의 흐름을 바꾸어 놓았다. 그 정점에 미켈란젤로가 있었다. 로렌초는 산 마르코 조각 공원에서 우연히 만난 10대의 미켈란젤로를 양아들로 입양하여 메디치 저택에 머물게 한다. 무명의 작가 수련생이었던 미켈란젤로의 예술 인생은 이렇게 시작되었다. 로렌초가 없었다면 미켈란젤로는 세상에 빛을 보기 어려웠을 것이다. 다비드의 완벽하고 눈부신 나신도 탄생하지 못했을 것이다. 천만다행이다. 미켈란젤로에 대하여는 몇 줄에 한정할 수 없어 다음 장에서 자세히 다루기로 한다.

15~17세기는 중세 유럽의 아리스토텔레스주의가 물러나고 신플라톤주의가 들어선 시기이다. 메디치 가문은 사상적 충돌을 감지하고 시설 투자, 연구 개발 투자, 고용 창출에 박차를 가했다. 연구소를 창설하고 대학을 설립하여 핵심 역량을 집중했다. 인재들을 채용하고 그들에게 새로운 시대정신을 불어넣었다. 레오나르도 다빈치가 메디치의 후원을 받지 못한 이유는 낡은 관습과 전통에 묶여 있었기 때문이다.

메디치는 세상의 모든 지혜와 아름다움을 구하기 위해 아낌없이 돈을 썼다. 지금도 피렌체를 가득 메우고 있는 예술품들의 절반 이상은 메디치 가문이 주문 제작하거나 수집한 물건들이다. 르네상스는 사상적, 정치적, 문화적 변화였다. 코시모와 로렌초는 변화에 대한 탁월한 판단과 과감한 투자로 르네상스 비즈니스를 이끌었다.

위기를 투자의 기회로

고 이병철 삼성 회장은 73세에 이른바 '도쿄 선언'을 발표했다. 메모리 반도체 사업에 대대적인 투자를 한다는 출사표였다. 다들 코웃음을 쳤다. 고 정주영 회장은 1972년 울산의 모래사장에서 세계 최대의 조선소를 짓겠다며 착공식을 가졌다. 모두 미친 것 아니냐고 했다.

그러나 그들은 해냈다. 위기를 투자의 기회로 바꾸고, 황무지에서 황금알을 캐냈다. 누구는 기적이라고 하지만, 기적이 아니다. 미래를 볼 줄 아는 그들의 혜안과 도전을 두려워하지 않은 기업가 정신의 승리였다.

2008년 미국발 금융 대란 이후 세계 경제는 침체의 늪에서 좀처럼 빠져나오지 못하고 있다. 한 치 앞도 내다볼 수 없는 경영 환경을 정면 돌파하는 방법은 투자다. 위기 시에는 선도 기업만이 살아남는다. 돈벌이에만 급급해선 안 된다. 투자를 주저하고 비용을 아끼다 기회마저 잃는다. 한때 휴대 전화 시장의 황제로 군림하던 노키아도 애플에게 자리를 내주었다. 투자를 게을리하고 현실에 안주했기 때문이다. 변화의 에너지는 외부에 있는 것이 아니라 내부에 있다.

A 사장의 사무실을 방문했을 때 그는 공장 조감도를 내게

보여 주었다. 보기에도 훤칠하고 탄탄한 청년 같은 신축 건물이 평면 속에 우뚝 서 있었다. 그의 열정이, 그의 희망이, 그의 미래가 그 조감도 위에서 빛을 발하는 듯했다. 역시 투자는 멋진 일이다.

03

창조는
경쟁에서 나온다

—

〈천재들의 도시 피렌체〉

김상근 | 21세기북스

'9988234'는 고령화 시대가 만든 신조어다. 99세까지 88하

게 살다가 2~3일 앓고 죽는 게 복이라며 갖가지 비법을 전하는 카

페까지 생겼다. 기업에도 '9988234'가 있단다. '산업의 99%, 고용

시장의 88%를 중소기업이 차지하고 있지만 2, 3등은 다 죽는다'

는 뜻이란다. 일등만이 살아남는다는 얘기다. 일등을 했다고 해서

끝이 아니다. 그 뒤엔 수성의 고통이 따른다. 무한 경쟁의 시대, 사장은 정글에서 살아남기 위해 오늘도 밤잠을 설친다. 어쩌랴, 그것이 운명인 것을! 우리는 이미 태어날 때부터 3억 대 1의 경쟁을 뚫고 세상에 나오지 않았는가.

〈앙기아리 전투〉를 찾다

2012년 3월 세계 미술계는 발칵 뒤집혔다. 레오나르도 다빈치의 미완성 걸작인 〈앙기아리 전투〉로 추정되는 벽화가 발견되었기 때문이다. 이 그림은 2007년 〈월스트리트저널〉이 발표한 '사라진 7대 불가사의' 중의 하나다. 오랫동안 고고학자들이 찾아 헤맸던 잃어버린 그림의 실체가 이제 막 드러날 판이었다.

그림은 피렌체 베키오 궁전에 걸린 조르조 바사리의 〈마르시아노 전투〉의 뒷벽에 3cm의 틈을 두고 숨겨져 있었다. 다빈치의 이 그림을 찾아 35년을 넘게 추적해 온 사람은 미국 캘리포니아 대의 마우리치오 세라치니 교수다. 그는 영화로도 제작된 소설《다빈치 코드》에서도 언급된 바 있다.

세라치니 교수에게 단서를 준 것은 바사리의 벽화 속 깃발에 깨알같이 적힌 문구였다. 'Cerca Trova 찾아라, 그러면 구할 것이다.' 500년 가까이 침묵을 지키던 짧막한 문구가 다빈치의 코드였을까. 그는 증 · 개축 이전의 도면을 복원하여 바사리의 벽화 뒤에 〈앙기아리 전투〉가 숨겨져 있을 것이라 추론했다. 바사리의 그림에 작은 구멍을 낸 그는 〈마르시아노 전투〉 뒤에 숨겨진 벽화의 물감 성분을 분석했다. 모나리자와 동일한 물감이었다.

〈앙기아리 전투〉는 다빈치가 미켈란젤로와 세기의 경쟁을 벌였던 걸작이다. 당시 피렌체 공화 정부는 베키오 궁전 대회의실을 피렌체 군대가 거둔 승리의 그림으로 장식하고 싶어 했다. 새로 들어선 공화 정부의 결의를 고무시킬 목적이었다. 두 거장에게 경쟁을 붙인 사람은 1501년부터 1512년까지 피렌체 최고의 행정관이었던 피에로 소데리니Piero Soderini이다. 그는 1503년 다빈치에게 회의실의 한쪽 벽면을 맡겼다. 이듬해 여름에는 또 다른 벽을 미켈란젤로에게 맡겼다. 피렌체의 도도하고 쟁쟁한 화가 두 명이 벽을 맞대고 경쟁하게 된 것이다. 다빈치는 52살, 미켈란젤로는 29살이었다.

조르조 바사리는 그의 저서에서 미켈란젤로를 이렇게 평한다.

"땅 위에서 벌어지는 예술가들의 헛된 노력을 일소하기 위해 신은 단 한 명의 천재를 지상에 내려보냈다."

레오나르도 다빈치 VS 미켈란젤로

신이 내려보낸 미켈란젤로에게도 피할 수 없는 강력한 라이벌이 있었다. 레오나르도 다빈치다. 다빈치는 미켈란젤로보다 23살이 많았다. 다빈치는 혼외정사로 태어난 서자였고, 미켈란젤로는 귀족 출신이었다. 다빈치는 키가 훤칠한 훈남이었던 반면에 미켈란젤로는 생김새가 신통치 않고 코뼈마저 부러진 비호감이었다. 세련된 다빈치의 옷차림은 늘 주위의 시선을 끌었지만, 미켈란젤로는 초라했고 머리카락은 항상 헝클어져 있었다. 온화하고 상냥한 다빈치와 달리 성질 급하고 다혈질이었던 미켈란젤로는 사사로운 일에도 불같이 화를 내기 일쑤였다.

다빈치는 궁정과 저잣거리를 오가며 예술과 실용, 철학을 고민했고, 미켈란젤로는 까다롭고 거만한 귀족들의 입맛을 맞춰야 했던 예술 노동자였다. 뼛속까지 플라톤주의자였던 미켈란젤로에게 다빈치는 짜증 나는 아리스토텔레스주의자였다. 둘은 나이와 성격, 예술적 입장 등이 달라 사사건건 부딪쳤다. 다빈치는 조각을 회화보다 열등한 장르라고 생각했고, 미켈란젤로는 조각이야말로 회화보다 우월하다고 생각했다. 서로의 전문 분야에 대해 조롱이 끊이질 않았고, 상대의 작품을 두고 모욕적인 언사를 서슴지 않았다.

다빈치는 다루지 않은 분야가 없을 정도로 박학다식했다.

그의 인생 전체를 통틀어 일관되었던 것은 '왜'라는 물음이었다. 예술도, 과학도, 의학도, 기술도 그에게는 '왜'라는 물음에 대한 답이었다. 뛰어난 관찰자였던 그는 새의 날개에서 인체 구조에 이르기까지 모든 것을 정밀하게 관찰하고 그 속에서 조화, 비례, 대칭을 찾아냈다. 그러나 뭐든 끝을 내지 못해 미완성 작가라는 오명이 그를 따라다녔다. 그런 다빈치에게 미켈란젤로는 늘 비웃음과 함께 독설을 퍼부었다.

늘상 부딪치던 두 사람이 1504년 베키오 궁전 대회의실에서 세계 미술사를 통틀어 가장 유명한 경쟁에 맞수로 붙은 것이다. 벽화의 소재로 다빈치에게는 밀라노를 상대로 한 '앙기아리 전투'가, 미켈란젤로에게는 피사를 상대로 싸웠던 '카시나 전투'가 주어졌다. 다빈치는 깃발 주위에 몰려든 기마병들의 난투극과 혼란, 죽음의 고통으로 신음하는 군사들의 모습을, 미켈란젤로는 적의 공격 나팔 소리를 듣고 아르노 강에서 목욕 중에 뛰쳐나오는 남성 나체의 군상을 그리려 했던 것으로 알려져 있다.

미켈란젤로는 역사적 사실에는 무관심했다. 그는 인체가 보여 주는 모든 포즈와 몸짓을 표현하고자 갑옷과 무기에 가려지지 않은 벌거벗은 청년 집단을 재현했다. 다빈치는 미켈란젤로의 나신들을 두고 인간이 아니라 '호두 자루'라고 비아냥거렸다. 비정상적으로 사지가 과장된 근육에 대한 경멸의 말이었다.

두 거장이 그렸던 밑그림은 후대의 화가들에 의해 모사되었으나, 정작 작품이 어떤 것이었는지 완전히 알기는 어렵다. 같은 공간에서 벽 하나를 두고 맞선 레오나르도 다빈치와 미켈란젤로. 그들은 등 뒤로 전해지는 팽팽한 긴장감 속에 경쟁하고 대립하였을 것이다. 상대를 이겨야 한다는 강박 관념으로 잠을 설치고, 창작의 즐거움과 고통을 공유하며, 서로의 명예와 자존심을 견주느라 열정과 체력을 소진하였을 것이다.

이듬해 다빈치는 물감이 벽에서 흘러내려 작업을 포기하였고, 미켈란젤로도 교황의 소환을 받고 로마로 돌아가는 바람에 박빙의 대결은 아쉽게도 중단되었다. 그 후 건물을 리모델링하면서 벽화는 사라졌다. 아니, 사라진 줄 알았다. 2012년 3월 사라졌던 다빈치의 〈앙기아리 전투〉로 추정되는 그림이 벽 뒤에서 발견된 것이다. 만약 다빈치의 걸작이 피렌체 시 청사 숨은 벽에서 되살아난다면 우리는 500년 전 펼쳐졌던 지상 최대의 경쟁 작품 중 하나를 볼 수 있게 될 것이다.

영원한 승자가 없는 시장

애플 추종자들이 슬슬 고무신을 거꾸로 신고 있다. 세계의 애널리스트들도 애플의 성장은 옛일이 되었다며 애플의 진퇴양난을 예고하고 있다. 예정된 수순처럼 수익률의 상승세가 꺾이고 주가가 떨어지면서 애플의 추락은 현실화되고 있는 듯하다. 그래서 그런지 매출에 상관없이 최고의 제품을 만들겠다는 팀 쿡 애플 회장의 포부가 궁색한 변명으로 들린다.

한편 삼성 갤럭시는 구글 안드로이드 진영을 대표하며 스마트폰 시장에서 애플의 강력한 라이벌로 떠올랐다. 판매량과 시장 점유율에서 애플을 추월했고, 격차도 벌어지고 있다. 2012년 삼성이 37개 신제품을 선보인 데 비해 애플은 1개만을 출시했다. 삼성전자는 크기, 성능, 가격대를 다양화하는 전략으로 애플과 차별화하고 있다.

미국 리서치 업체인 IDC는 2012년 4분기 삼성전자 스마트폰의 시장 점유율이 29%로 1위를 차지했다고 밝혔다. 애플은 아이폰 5를 앞세웠지만 점유율이 21.8%에 그쳤다. 국내 한 증권사도 삼성전자 스마트폰 판매량이 2014년에는 4억 대에 육박해 점유율도 39%에 이를 것으로 전망했다. 반면 애플은 매출이 소폭 증가하는 데 그쳐 점유율이 18%대에 머물 것으로 내다봤다.

그렇다고 영원한 승자는 없다. 스마트폰 시장 판도를 바꿀 중국의 기업들이 새롭게 부상하고 있다. 2012년 4분기 화웨이와

ZTE 등 중국 제조사들은 4%대 점유율을 차지하며 노키아, RIM, HTC 등을 제치고 각각 3위와 5위로 상승했다. 미국 시장 조사 기관인 가트너는 중국 스마트폰 제조사들의 2016년 시장 점유율이 60.8%에 달할 것이란 전망까지 내놓았다. 중저가 시장에서 중국 기업들이 새로운 경쟁자로 부상하고 있는 것이다. 아직도 배가 고픈 애플, 강력한 라이벌 삼성, 중저가 시장을 겨냥한 중국 업체들 중 누가 최종 승자가 될지는 아무도 모른다.

벽을 두고 경쟁했던 레오나르도 다빈치와 미켈란젤로. 그들은 떠났다. 불세출의 천재들도, 한 줌의 빛도 못 본 익명의 천재들도 모두 떠났다. 그들도 피 말리는 경쟁 속에 살았을 것이다. 아무도 기억하지 않는 2등에서 벗어나기 위해 밤잠을 설치며 고뇌하였을 것이다. 경쟁이 고독한 건 상대를 이기기 이전에 나를 넘어야 하기 때문이다. 여든아홉 살 죽기 직전까지 끌을 놓지 않았던 미켈란젤로의 말에서 천재의 영광 뒤에 비친 한 인간의 모습이 보이는 듯하다.

"내 일생의 경주는 이제 끝났다네. 폭풍 치는 바다 위 뒤뚱거리는 조각배에서, 우리의 모든 선행과 악행을 결산하려는 인생의 부두에서."

　　혼자 밤길을 가는 할머니를 누군가 뒤에서 자꾸 불렀다. "같이 가, 처녀. 같이 가, 처녀." 할머니는 생각했다. '내 뒷모습이 아직 괜찮은가 보네.' 다음 날 밤 한 번 더 듣고 싶은 마음에 이번엔 보청기까지 끼고 다시 그 장소를 지나갔다. 그때 할머니 귀에 들린 소리는 이랬다. "갈치가 천 원, 갈치가 천 원." 소통의 부재에 대한

우스갯소리다.

소통이란 것이 참 쉽지 않다. 부부간에, 세대 간에, 진보와 보수 간에 '통通'하기가 어디 쉬운 일인가. 상대의 속을 훤히 볼 수 있는 신약이 개발되기 전까진 불가능해 보인다. 사장과 직원 간에도 마찬가지다. 지시 사항이 제대로 이행되지 않는다. 다들 사장의 입만 쳐다보고 있다. 속 터진다. 소통은 오간 데 없고 두통만이 머리를 짓누른다. 부재중인 소통을 어디서 찾을 것인가.

밥상에서 소통을 구하다

조선의 왕들은 하루에 다섯 번 식사를 했다. 아침 7시경에 죽수라粥水刺를 시작으로 오전 10시경에 조수라朝水刺, 오후 1시경에 먹는 낮것상, 오후 5시경 석수라夕水刺, 마지막 야참은 밤 10시경에 했다. 상다리가 부러지도록 차려진 왕의 밥상에는 밥과 탕, 찌개, 전골, 찜, 침채, 장 등 기본 정찬과 구이, 편육, 숙채, 조림 등 별도의 찬이 추가되어 12가지 반찬이 올려졌다. 이른바 '12첩 반상'이다. 물론 왕 혼자 이 많은 음식을 모두 먹는 것은 아니다. 영화 〈광해〉에도 나왔듯이 왕이 남긴 음식의 일부는 약방으로 보내 왕의 건강과 식습관을 점검하고, 일부는 궁녀들이 다시 데워 먹는다.

붉은 옻칠을 한 상 위에 올라온 색색의 반찬들은 조선 팔도에서 올리는 진상품으로 만들어졌다. 예컨대 경기도에서는 채소를, 충청도·전라도·경상도에서는 어패류와 과일을 올렸고, 전복과 표고버섯, 귤 등은 제주도에서 바쳤다. 곡물류는 경기도와 황해도, 육류는 경기도와 전라도, 함경도 등지에서 올렸다.

조선의 왕에게 밥 먹는 일은 그저 한 끼 식사가 아니었다. 수라를 드는 동안 왕은 해당 지역의 사정을 살필 수 있었다. 음식의 물이 좋지 않거나 메말라 있으면 그 식재료를 진상하는 지역에 문제가 생겼음을 뜻했다. 채소가 신선하지 않으면 경기도에 재해가 생긴 것이고, 전복이 싱싱하지 않으면 제주도에 문제가 발생한 것이다. 왕에게 밥상은 백성들과의 대화창이었고, 반찬은 백성들이 보내는 메시지였다. 사실 진상과 공납으로 인해 백성들의 고충은 이루 말할 수 없었으나, 끝까지 없애지 못한 이유는 밥상을 통해 왕이 백성과 소통할 수 있었기 때문이다.

진상 제도가 항상 시행되었던 것은 아니다. 전쟁이나 기근, 국상國喪과 같은 비상시국에는 진상을 폐지하고 반찬의 수를 줄이는 감선減膳, 고기반찬을 올리지 않는 철선撤膳 등을 실천했다.

조선 왕들의 식습관

태조 이성계는 당뇨와 울화병으로 고생을 했다. 육류 위주의 식습관도 그렇거니와, 두 차례나 왕자의 난을 겪고 억지로 왕위를 물려주었느니 그 속이 오죽했겠는가. 양위 후 그의 화병은 더욱 깊어져 말년에는 고기를 끊고 채식만 했다고 한다. 태종 이방원은 궁중 음식의 틀을 잡은 왕이다. 조직을 개편하고 음양오행에 따라 음식에 대한 원칙과 의식, 제도를 정비하였다. 그는 재위 기간 18년 동안 십여 차례 이상 철선과 감선을 행하였는데, 특히 가뭄이나 홍수 등의 재해 시에는 임금의 부덕함을 반성하고 백성들과 고통을 함께하고자 밥상 정치를 철저히 실천하였다.

《왕의 밥상》을 쓴 함규진 박사는 세종 이도가 젊은 시절에는 뚱뚱하고 노년에는 파리한 노인네의 모습이었을 것으로 추정한다. 광화문 광장에 세워진 동상이나 만 원짜리 지폐에 찍힌 핸섬한 모습과는 사뭇 다르다는 주장이다. 그도 그럴 것이 세종은 어렸을 때부터 늘 손에서 책을 놓지 않았다. 밥상에서도 책을 읽었고, 운동은 아예 담을 쌓고 살다시피 했다. 건강이 좋을 리 없다. 자나 깨나 방구석에서 책만 보는 아들이 걱정되어 어느 날 태종이 충녕군의 책을 몽땅 압수해 버렸다는 일화가 전해질 정도이다. 과연 그의 독서 편력이 짐작이 간다.

고기를 유난히 좋아했던 세종은 재위 기간 중 상喪을 많이 치렀다. 태종과 원경왕후, 정종과 정안왕후, 소헌왕후와 두 아들인

광평대군, 평원대군까지 세상을 떠나 마음고생이 이만저만이 아니었을 것이다. 상중에 지켜야 하는 철선과 철주는 폭식으로 이어졌고, 불규칙한 식사와 스트레스는 삼십대의 세종에게 당뇨를 가져다주었다. 이후 안질, 종기 같은 합병증이 겹치면서 말년의 세종은 각종 성인병 질환으로 고생했다.

골육상잔으로 왕위에 오른 세조는 재위 기간 14년 동안 단두 차례만 감선을 한 왕이다. 술을 좋아했던 세조는 시도 때도 없이 술판을 벌였다. 하긴 제 혈육의 피를 업고 왕위를 차지하였으니 제정신으로 살 수 있었겠는가. 술에 장사 없다고, 말술을 즐기던 세조도 말년에 불면증과 종기로 몸이 썩는 고통을 치러야만 했다.

세조를 가장 존경한 인물이 폭군 연산군이다. 연산군만큼 진귀하고 비싼 먹거리를 구하려 한 왕은 조선 왕조사 어디에도 없다. 사슴의 특수 부위, 사슴의 태아, 바다거북, 돌고래, 뭔지도 모르는 동물을 구해 오라는 주문까지 《연산군일기燕山君日記》는 그의 비정상적인 식탐과 기이한 행동으로 가득하다. 성군은 고사하고 임금의 도리조차 지키지 않던 그는 과도한 술과 편식, 문란한 성생활 등으로 몸이 피폐해져 갔다. 결국 중종반정中宗反正으로 폐위된 지두 달 만에 역질에 걸려 서른한 살의 나이로 사망했다.

왕들의 밥상 통치법

선조 재위 25년인 1592년 임진왜란이 일어났다. 피난길에 오른 왕의 수라상에 굶주린 왕자들과 관리들, 백성들까지 달려들었다. 이를 본 선조가 전란 후 궁중에서 쌀 한 톨도 버리지 못하게 했다는 일화가 전해진다. 전란과 당쟁으로 점철된 시대, 선조는 만성 소화 불량과 조급증에 시달렸으며, 결국 중풍까지 얻었다.

인조 역시 선조와 비슷한 처지로 인해 내려오는 일화가 있다. 병자호란 때 피난을 가던 인조는 어느 고을에서 죽을 한 그릇 얻어먹었다. 너무도 급한 상황이라 말에서 내리지도 못하고 먹었다 하여 그 고을 이름이 '말죽거리'가 되었다는 것이다.

조선의 왕 27명 중 가장 오래 산 왕은 83세를 산 영조이다. 조선 왕들의 평균 수명이 47세인 것에 비하면 영조는 거의 두 배에 가까운 수명을 누린 셈이다. 노론과 소론, 남인과 북인의 대립이 고조되던 시대, 영조는 툭하면 감선을 했다. 신하 길들이기 전략이었다. 감선 기간 중에 신하들은 당쟁을 멈추어야 했다. 영조는 그 점을 간파하고 있었던 것이다. 재위 중 89차례나 감선을 실천한 영조는 역대 최고 기록 보유자다. 그만큼 당쟁이 끊이지 않았다는 반증이기도 하다.

감선만으로는 당쟁을 잠재울 수 없었기에 영조는 잦은 양위 선언과 추운 날 얇은 옷 입기 등의 행위로 신하들을 당혹스럽게 했다. 이른바 1인 시위인 셈이다. 당의 통합을 위해 탕평채라는 요리 레시피도 내놓았던 영조는 긴 수명만큼이나 백성들에 대한 사랑도 길게 이어진 왕이었다.

평생을 암살 위협 속에서 살았던 정조 이산은 사도세자의 아들이다. 정치 노선을 달리하는 노론 벽파와 끊임없이 대립각을 세웠던 정조는 백성의 딱한 사정부터 먼저 살폈던 군주였다. 진상을 줄이거나 폐지하도록 한 것도 정조였다. 과도한 스트레스와 안질, 등창이 심했던 정조가 지친 심신을 달래기 위해 선택한 것은 담배였다. 결국 마흔아홉의 나이에 안타깝게 세상을 떠났지만, 정조가 있었기에 조선은 새로운 질서 위에서 한 단계 업그레이드 될 수 있었다.

소통으로 얻는 공감과 지지

기업들의 스킨십 경영이 좋은 실적으로 이어지고 있다고 한다. 그만큼 소통이 중요하다는 증거이기도 하다. 직원들과 식사나 등산을 함께 하거나 영화를 같이 보며 통하려는 사장들이 점점 늘고 있다. 요즘엔 페이스북이나 트위터 등 SNS도 소통의 도구로 큰 몫을 하고 있다. 예전에는 지식이 많은 리더가 유능했다. 무조건 따르기만 하면 됐다. 지금은 다르다. 아무리 많이 알아도 전달되지 않으면 쓸모가 없다. 21세기의 능력이란 '지식에다 커뮤니케이션을 더한 것'이라는 안철수 의원의 말이 맞다.

공감과 지지의 원조는 소통이다. 조선의 왕들은 밥상머리에서조차 어느 곳에 재난이 들었는지 파악했고, 대책 마련을 위해 고심했다. 수라상은 혀끝으로 읽는 보고서였으며, 왕은 그 안에서 백성들과 소통했다. 소통은 상대를 인정하는 것에서부터 풀어야 한다. 풀만 먹는 소에게 질 좋은 고기 얘기를 백날 해봐야 경 읽는 소리로밖에 들리지 않는다. 소통은 상대에 대한 이해와 존중에서 시작한다. 담을 헐고 문을 열어야 한다. 함께 숨 쉬고 같이 나누어야 한다. 그래야 소통이 먹통이 되지 않고, 갈치가 처녀로 바뀌지 않는다.

05

기록하고
기록하라

〈승정원일기, 소통의 정치를 논하다〉
박홍갑·이근호·최재복 | 산처럼

적자생존이란다. 그 적자생존 適者生存이 아니다. '적는 자가 살
아남는다'는 뜻이다. 기억의 용량은 기록의 용량을 따라갈 수 없다.

P 사장의 얘기다. 영업부장을 불러 놓고는 왜 불렀는지 기
억이 안 나더란다. 양복 속주머니에 든 휴대폰을 찾느라 온 사무
실을 뒤진 적이 벌써 여러 번째다. 어느 날 모임 자리에서 잘 알

던 사람을 만났는데, 이름이 입안에서 뱅뱅 돌기만 하더란다. 이런 일이 잦아지자 혹시 치매 초기인가 싶어 겁이 덜컥 나기도 했다. 나이 들면서 감퇴하는 것이 한두 가지가 아니다. 기억력 감퇴, 시력 감퇴, 정력 감퇴까지. 뱃살만 늘고 나머지는 전부 작아지고 줄어든다. 이제 서서히 퇴물이 되어 가는 것 같아 서글프다. 가끔 우울해지기도 한다.

방법은 있다. 메모다. 박근혜 대통령은 '수첩 공주'라는 별명을 갖고 있다. 사람을 만날 때 항상 수첩을 갖고 다니면서 상대방의 애기를 꼼꼼히 메모하기 때문에 생긴 별명이다. 《뇌를 움직이는 메모》의 저자 사카토 켄지는 메모를 함으로써 창의적 발상이 가능해진다고 했다. 그게 무엇이든 모두 기억하려고 애쓰지 않아야 뇌도 다른 활동을 할 수 있다는 주장이다. 그러니 기억과 망각 사이에서 움츠러들 일이 아니다. 적고 기록하는 일이야말로 인류의 위대한 유산이다. 적자! 적는 게 남는 것이다.

유네스코 세계기록유산, 승정원일기

《승정원일기承政院日記》는 조선 시대 왕명의 출납을 담당했던 승정원에서 작성한 업무일지이다. 승정원은 지금의 청와대 비서실과 같은 기관이다. 조선 시대에는 왕에게 보고되고 결재받는 모든 문서가 승정원을 통해 전달되었다. 승정원은 후원喉院이라고도 불렸다. 목구멍이란 뜻의 '후喉'를 쓴 것으로 보아 승정원이 왕의 말을 대변하는 기구였음을 알 수 있다.

《승정원일기》는 그날의 문서 및 사건, 왕의 동정, 신하와의 접견, 경연과 각종 회의, 상소문 등을 상세하게 적은 기록이다. 조선 건국 초부터 작성된 것으로 보이나, 현재는 1623년 인조 1년부터 1910년 융희 4년까지의 기록이 남아 있다. 《조선왕조실록》이 왕의 사후에 사관들이 기록한 사초를 토대로 편집한 2차 자료라면, 《승정원일기》는 실시간으로 써 내려간 무삭제판 현장 기록물이다. 분량도 총 3,245책, 2억 4천2백50만 자에 달한다. 《조선왕조실록》의 5배가 넘는다. 엄청난 양과 역사적인 가치, 기록의 우수성을 인정받아 2001년 9월 유네스코 세계기록유산으로 등재되었다.

예나 지금이나 최고 책임자에 가장 가까이 있는 조직은 권력의 중심지다. 승정원은 의정부, 6조와 함께 조선 시대 국정을 이끌어 간 핵심 부서였다. 왕의 최측근 기관으로서 왕을 보좌함은 물론, 국가의 인장을 관리하는 등 중요 직책을 맡아 그 권한이 실로 막강했다. 모든 일이 왕의 목구멍인 이곳을 거쳐야 했다. 무엇보다 뒷날 출세를 도모할 수 있었기에 당연히 모든 관료들이 선망하는 자리였다.

승정원의 직제는 이렇다. 비서실장 격인 도승지都承旨를 중심으로 좌승지左承旨, 우승지右承旨, 좌부승지左副承旨, 우부승지右副承旨, 동부승지同副承旨 등 정3품의 6승지와 정7품인 주서注書 2명, 잡무를 처리하는 서리書吏 28명 등이다. 승지는 '국왕의 뜻인 왕지王旨를 받드는承' 관리를 말한다. 주서는 승지 밑에서 문서의 보관과 기록, 왕명의 전달과 관청 간 연락을 담당했다. 《승정원일기》는 주서들에 의해 쓰였다. 무관도 임명될 수 있었던 승지와 달리 주서는 반드시 학식과 문장이 검증된 문관이어야 했던 이유다.

주서는 왕과 신료들과의 대화 내용을 빠짐없이 받아 적어야 해서 뛰어난 문장력과 속필은 기본이었다. 지금의 국회 속기사와 마찬가지다. 사관 2명과 함께 같은 일을 했기 때문에 겸사관兼史官으로 인정받았다. 왕의 총애를 한 몸에 받을 수 있는 자리이기도 했으나, 실수를 용납하지 않는 만큼 고달픈 자리이기도 했다. 마음대로 자리를 뜰 수도 없었고, 몸이 아파도 반드시 교대를 한 후에야 자리를 비울 수 있었다.

승정원 주서의 스트레스

왕의 숨소리까지 적어야 하는 그들에게 말 못 할 속사정이 참 많았을 것이다. 방 저쪽에 엎드려 있는 주서의 귀에 군신 간의 대화가 잘 들릴 리 없다. 목소리가 작거나 빠른 경우, 발음이 불명확하거나 중언부언 길게 늘어지는 경우, 기침이나 재채기에 주변의 잡음까지 섞이면 받아 적기가 곤혹스러울 수밖에 없다. 이쪽과 저쪽이 동시에 말을 하면 순서대로 말하라고 할 수도 없고, 지엄하신 왕에게 못 들었으니 다시 말해 달라고 할 수도 없는 노릇 아닌가. 게다가 지금처럼 녹음기가 있었던 것도 아니고, 컴퓨터 자판을 두드리는 것도 아니다. 얼마나 업무 스트레스가 심했겠는가. 그보다 중요한 점은 말한 이의 의도를 제대로 이해하고 구어체가 아닌 한문으로 정확하게 적어야 한다는 것이다.

더구나 잘못 기록하면 여지없이 처벌을 받아야 했다. 주서들이 2~3개월을 버티지 못하고 다른 관직으로 옮겨 간 사정이 충분히 이해되고도 남는다. 주서들의 고충을 안 인조는 신하들에게 천천히 말하라고 주문하기도 했다. 이런 사정으로 인해 주서를 선발할 때는 문과 급제자 중 웅문속필雄文速筆한 사람, 즉 말을 재빨리 한문으로 번역하여 기록하는 능력이 뛰어난 자를 뽑았다.

조선 시대 명주서는 숙종 때의 윤양래였다고 한다. 그는 글을 쓰는 속도가 얼마나 빠른지 비주서飛注書라는 별칭까지 얻었다. 실제 대부분의 주서들은 대화의 내용을 전부 받아 적지 못했다. 그래서 해결할 방법으로 주서들은 본초책本草册이란 것을 휴대하고 다녔다. 자신만이 알아볼 글씨체로 대강 써 놓았다가 사관들의 기록과 내용을 맞춰 본 후 보완하는 방식이었다.

주서가 초책을 근거로 일기를 정리하면 서리들이 옮겨 적었다. 매일 기록한 일기는 한 달 치 분량으로 묶어 표지에 년, 월, 일을 적어 승지에게 제출되었다. 승지는 기록을 검토한 후 왕에게 보고하여 결재를 받았다. 당월 일기는 다음 달 말일을 넘기지 못하도록 기한을 두었다.

군신 간의 갈등도 기록하다

왕권과 신권의 상호 작용이 지속되었던 시대였던 만큼《승정원일기》에는 군신 간의 갈등이 자세히 묘사되어 있다. 영조 29년 1753년 기록을 보자. 7월 27일 오후의 일이다.

화가 난 영조가 대왕대비가 거처하는 경춘전을 향했다. 왕위를 물려주겠다는 말을 전하기 위해서였다. 재임 시 영조는 빈번하게 양위 카드를 들고 나왔다. 왕권 강화와 당파의 갈등을 조정하기 위한 영조의 꼼수였다. 그날은 사정이 달랐다. 숙종과 무수리였던 숙빈 최 씨와의 사이에서 난 영조는 생모의 출신이 늘 콤플렉스였다. 평소 신하들이 자신과 생모를 업신여긴다고 생각한 영조가 분노하여 또 양위 소동을 벌인 것이었다. 신하들의 종용에 다시 거처로 돌아온 영조가 속마음을 털어놓았다.

　이천보, 김상로 : 전하가 무슨 일 때문에 이처럼 과격한 행동을 하십니까?

　영조 : (마음에 품었던 것을 시로 읊고 다시 써서 보여 주며) 대신과 여러 신하들이 무상하구나.

　이천보 : 무슨 일이십니까?

　영조 : 내가 사친私親을 위해 비록 옥인玉印을 바라지 못하지만, 어찌 은인銀印으로 하는 것이 불가한가?

　김상로 : 절목節目에 있는 것들을 신 등이 우매하여 알지 못했습니다.

　영조 : 절목은 무엇을 말하는가?

　이어서 국왕은 큰 소리로 차마 들을 수 없는 하교를 했다.

　'사친'이란 생모 숙빈 최 씨를 말하는 것이고, '은인으로 한다'는 말은 도감都監을 설치하여 생모를 추숭하자는 의미이다. 천한 출신의 생모를 왕의 어머니로 공식 인증을 해 달라는 영조의 탄원이었다. 신료들의 빈번한 거부에 영조의 화가 폭발하여 '차마 들을 수 없는 하교'까지 하고 만다. 임금 노릇 안 하겠다고 한 것이다. 결국 추숭을 위한 임시 관청을 만드는 것으로 일단락되는 듯했지만, 추숭 의식 때 대제학 조관빈이 죽책문竹冊文 쓰기를 거부하여 유배령을 내리기도 했다.

　　이처럼 국왕의 속마음까지 상세하게 적은 기록이지만, 삭제된 부분이 없지는 않았다.《승정원일기》는 총 114건이 삭제되었다. 대부분 영조 37년~영조 38년 사이에 집중되어 있다. 그 기간 동안 무슨 일이 있었을까. 임오화변壬午禍變이다.

　　노론이 득세하던 영조 38년 사도세자가 뒤주에 갇혀 죽었다. 아버지의 비정상적인 훈육으로 심신 장애를 앓고 있던 사도세자의 지지 세력인 소론과 영조의 지지 세력인 노론이 만들어 낸 비극이었다. 사도세자의 죽음으로 평생 원한을 품고 살아야 하는 정조에게 왕좌를 물려주며 영조는 이렇게 지시했을 것이다.

　　"짐이 명하노니, 이 부분은 삭제하라."

기록과 메모를 활용하라

　　카이사르, 레오나르도 다빈치, 다산 정약용, 뉴턴, 이순신, 링컨, 그리고 승정원 사람들 간의 공통점? 답은 '죽은 사람'이 아니다. '지독한 메모광'이라는 것이다. 황제가 되고, 천재 예술가가 되고, 500여 권의 저서를 쓰고,《승정원일기》라는 문화유산을 남기고, 사람들로부터 존경을 받는 인물이 된 바탕에는 열정적인 메모 습관이 있었다. 기록과 메모의 힘이다.

우리는 기억과 망각 사이에서 살고 있다. 기억하는 일보다 기억하지 못하는 일이 더 많은 것을 보면 기억은 확실히 망각 편이다. 용케 내 머릿속에 있다가도 언제 그랬냐는 듯 망각의 품으로 도망친다. 기억의 몹쓸 습성이다. 번뜩이는 아이디어도 적어 두지 않으면 금세 사라져 버리거나 다른 기억들 속에 묻혀 버린다. 다시 생각하려 해도 당초에서 많이 왜곡되어 있다. 나이가 들수록 우리의 뇌를 서서히 지배하는 망각이란 적을 받아들여야 한다. 싫어도 어쩔 수 없다. 이 불편한 적과 사이좋게 동침할 수 있는 방법이 메모다.

사장들이여! 더 이상 망각의 허허벌판에서 헤매지 말자. 이제 애꿎은 나이를 탓하지 말고, 죄 없는 머리를 욕하지 말자. 그들은 죄가 없다. 죄가 있다면 메모하지 않는 주인을 둔 죄다. 그대들의 번뜩이는 아이디어를 망각이란 적에게 뺏기지 말자. 용기 있는 자가 미인을 얻듯이 메모하는 자가 성공을 얻는다.

06

인사가
만사다

—

〈조선왕조사〉

이성무 | 수막새

　　J 사장은 이번 인사에서 여성 인력을 전격 발탁했다. 남성
중심의 조직에 여풍을 불어넣었다. 남성 못지않은 추진력과 조직
장악력, 섬세한 감성과 배려심 등이 승진 합격점을 받았다. 요즘
중소기업계에도 능력 있는 여성들이 두각을 나타내고 있다. '여자
가 똑똑하면 골치 아프다'는 말은 이제 큰일 날 소리가 되었다. 이

번 승진 인사에서 물먹은 한 남자 직원이 사표를 냈다고 J 사장은 후문을 전한다. 어쩔 수 없는 일이란다.

도대체 승진이 뭐기에 직장인들을 울고 웃게 하는가. 영국 워릭 대 연구진의 조사 결과에 따르면, 승진하면 건강을 해칠 수 있다고 한다. 승진하면 일도 많아지고 책임도 막중해져 스트레스를 더 받기 마련이다. 병원 갈 시간조차 없어 건강을 돌보기도 어렵다. '그래도 승진 못 하는 것보다 백번 낫지'가 월급쟁이들의 솔직한 심정이다.

번번이 승진의 고배를 마셔 본 사람은 안다. 그 맛이 얼마나 쓰디쓴지를. 뭐가 문제인가. 내가 아니고 왜 저 녀석인가. 측은해 하는 주위의 눈길은 더욱 견디기 어렵다. 이러다간 언제 나의 자리가 없어질지도 모를 일이다.

인사철만 되면 모든 눈과 귀가 인사 담당자에게 쏠리는 건 어느 조직이나 똑같다. 조선 시대도 지금과 크게 다르지 않았다. 관료들의 인사를 앞두고 사대부들의 이목이 집중되는 자리가 있었다. 바로 조정의 인사권을 쥐고 흔들던 이조정랑吏曹正郎이었다.

막강한 권한을 지닌 이조정랑

"삼공三公과 육경六卿이 비록 벼슬은 높지만, 조금이라도 흡족하지 못한 일이 있으면 전랑銓郞이 삼사三司의 관원을 동원해 논박하게 하니, 조정의 풍속이 염치를 숭상하고 명절을 중하게 여겨 한번 탄핵을 받으면 벼슬에서 물러나지 않을 수 없다. 이 때문에 전랑의 권한은 곧 3공과 같다. …… 무릇 관직의 품계를 올릴 때는 반드시 전랑을 우선적으로 올려서 보임한 연후에 다른 관청까지 올리게 하였다. 그리고 한번 전랑을 지낸 사람으로 진실로 딴 사고만 없으면 쉽게 공경公卿의 지위에 오를 수 있다. 그러므로 전랑이란 관직은 명예와 권력이 갖추어져 있어 나이 젊은 신진으로서 전랑 자리를 바라고 넘겨다보지 않는 자가 없었다."

-《택리지擇里志》

"이조정랑이 길에 나서면 여러 관사의 관원들은 말 머리를 돌려야 했고, 병조낭관兵曹郞官이 길 위에 있으면 당하堂下 무신들은 피하기에 급급했다."

-《연려실기술燃藜室記述》

삼공이란 의정부의 영의정, 좌의정, 우의정을 말한다. 육경은 이조, 호조, 예조, 병조, 형조, 공조의 여섯 판서이다. 전랑은 문관과 무관의 인사를 담당하던 이조와 병조의 정랑正郞, 좌랑佐郞의

통칭이다. 무관보다 문관을 중시하였기에 특히 이조정랑의 역할이 컸다. 조선은 정3품 통정대부通政大夫 이상을 당상관堂上官이라 하여 고위 관직의 기준으로 보았다. 정랑은 당하堂下 참상관參上官에 지나지 않는 정5품의 중간 관직이었다. 지금으로 따지자면 내무부 과장급이다.

이조정랑이 어떤 직책이기에 저리도 문무관의 오금을 저리게 하는가. 바로 이조정랑이 쥐고 있는 특별한 권한 때문이었다. 정승과 판서를 제재할 수 있는 권한이 있었고, 삼사인 사헌부, 사간원, 홍문관의 관리를 추천하는 권한이 있었다. 삼사는 오늘날로 치자면 언론 기관과 감사원, 검찰청에 해당하는 기관들이다. 조정의 인사권과 언론권을 쥔 직책이기에 이조정랑을 누가 차지하느냐에 따라 권력의 향배가 바뀌었다. 그러니 어느 당상관인들 이조정랑에게 고개를 숙이지 않겠는가.

조선은 왜 관리 임용 권한을 의정부의 재상이나 이조판서에게 주지 않고 이조정랑에게 주었는가? 그 이유는 대신들의 권한을 견제하기 위함이었다. 삼사의 인사권이 재상이나 이조판서에게 있으면 측근들을 심어 권력을 전횡할까 우려하여 과장급인 이조정랑에게 권한을 준 것이다. 삼사 관리들이 대신들의 눈치를 보지 않고 감찰 활동을 하게 하여 정政과 관官의 관계를 명확히 한 것이 조선의 독특한 인사 운용 방식이었다.

정5품에 지나지 않는 중간 관료가 눈치 보지 않고 권한을 행사하기 위해서는 대신들로부터 독립되어야 했다. 전랑은 자신의 후임자를 직접 천거할 수 있는 자대권自代權으로 재상들에게 맞섰다.

이조정랑은 홍문관의 젊은 유신儒臣 중에서 유능하고 명망과 덕을 갖춘 후보가 발탁되었다. 사간원과 사헌부를 거쳐야만 홍문관에 들어갈 수 있었으므로 이조정랑의 자리는 신진 사대의 수장이며, 삼사와 언론을 통솔하는 실질적인 리더였던 셈이다.

이조정랑은 중한 죄가 아니면 탄핵도 받지 않았다. 안정적인 출세의 길도 보장되어 조선의 이름 있는 선비치고 그 자리를 탐하지 않은 이가 없었다. 정권의 핵심, 권력의 노른자위가 바로 이조정랑이었다.

당쟁을 불러온 이조정랑의 권한

선조 5년 1572년, 이조정랑 오건이 자신의 후임자로 김효원을 추천했다. 김효원은 이황, 조식의 문인으로 명종 20년 문과에 급제한 수재였다. 이때 이조참의 심의겸이 이를 저지했다. 김효원은 권력 있는 벼슬아치의 집에나 드나드는 소인이라는 이유였다. 심의겸이 과거 을사사화乙巳士禍의 주역이었던 윤원형의 집에서 김효원을 본 것이 화근이었다.

심의겸의 방해 공작으로 김효원은 정랑을 코앞에 두고 고배를 마셨고, 심의겸과 김효원의 갈등의 골이 깊어져 갔다. 사실 김효원은 윤원형의 식객이 아니었다. 권력에 달라붙어 아첨을 떠는 소인배도 아니었다. 다른 사람들이 김효원의 억울함을 호소한 끝에 심의겸의 갖은 훼방에도 불구하고 김효원은 마침내 선조 7년 1574년에 이조정랑에 올랐다.

신진 사대부의 지지로 김효원이 정랑에 오르면서 권력의 향배는 당연히 김효원 쪽으로 기울었다. 심의겸에 대한 김효원의 공격이 시작되었고, 이때부터 사림은 동인과 서인으로 분열되어 갔다. 김효원이 서울의 동쪽에 있는 건천동(지금의 동대문 시장)에 살았고, 심의겸은 서쪽의 정릉에 살았다. 김효원을 따르는 사람들을 동인이라 불렀고, 심의겸을 따르는 사람들은 서인이라 불렀다.

동인들은 이황과 조식의 문인들이 많았다. 유성룡, 김성일, 이산해, 이원익, 이덕형 등이 주축을 이룬 소장파들이었다. 서인은 이이와 성혼의 제자들이 많았으며 정철, 정엽, 윤두수, 이귀 등이 주축이 되었다. 결국 이들의 대립은 심의겸과 김효원을 앞세운 구세력과 신세력 간의 싸움, 선배 사림과 후배 사림 간의 대립이었다.

비난이 거세지고 반목이 깊어지자 사태를 수습하기 위해

이이가 나섰다. 이이가 제시한 해결책은 오히려 분쟁을 더욱 격화시키고 말았다. 그 해결책이란 심의겸을 개성 유수留守로, 김효원을 경흥 부사府使로 파견하는 것이었다. 김효원 측에 불리한 인사 조처였다. 심의겸의 술책에 김효원이 강하게 반발하면서 사태는 더욱 악화되었다. 이이는 해결은커녕 분쟁을 부추기는 결과만 초래한 것이다.

1589년 기축년己丑年에 정여립 반역 사건이 터지면서 동서 분당 이후 사림은 최대의 위기를 맞았다. 서인의 실세인 정철이 위관委官으로 임명되어 옥사獄事를 담당하게 되었는데, 정여립과 관련도 없는 동인의 인사들을 연루시켜 처벌하였다. 이른바 기축옥사로 인해 동인과 서인은 서로 양립할 수 없을 정도로 결별하고 말았다.

동서 분당은 사림들의 사상과 노선, 색깔을 분명히 드러내는 계기가 되었다. 동인과 서인의 분당은 재상권을 가진 구사림과 낭관권을 가진 신사림의 대립이 원인이었다. 누가 이조정랑이 되느냐가 300년에 걸친 당쟁의 출발이 되었던 것이다.

전랑의 권한은 당쟁의 요인으로 지적되어 우여곡절 끝에 결국 정조 13년 1789년 유명무실화되었다. 《조선왕조사》를 쓴 이성무 박사는 전랑의 긍정적인 면을 이렇게 평가한다.

"전랑에게 엄청난 권한을 부여한 것은 본질적으로 대신의 전횡과 독단을 막기 위한 조처였다. 나아가 사림 정치가 사림의 공론을 토대로 이루어지는 정치라고 할 때, 전랑권은 사림 정치를 유지시키는 제도적인 장치였다. 신진 사류가 기성 사류를 비판, 견제하고 언론과 청의를 중시하는 사림 정치의 구도 속에서 전랑권은 권력의 독점을 막고 청신한 정치 풍토를 조성하기 위해 고안된 효과적인 방안이었다. 이러한 전랑권의 제한과 축소는 사림 정치의 점진적인 붕괴를 의미했다."

승진하지 못한 원인은?

누구나 간절히 원하는 출세나 승진에 대한 열망은 조선 시대나 지금이나 다르지 않다. 몇 년 전 TV 드라마 〈내조의 여왕〉에서 아내들이 남편의 출세를 위해 임원 부인의 친정집 이사까지 도우러 가는 장면이 나왔다. 지나친 과장이었지만 승진에 목매는 직장인이라면 크게 공감하였을 터이다. 평생직장을 기대하기 어려운 요즘이라면 직장인에게 승진은 자존심의 문제를 넘어 '죽느냐 사느냐'의 생계형 문제이다.

승진에 필요한 것이 어디 업무 능력뿐이겠는가. 상사가 부리는 괜한 신경질도 잘 참고 견디며, 썰렁한 농담에도 배를 잡고 웃어야 하고, 몇 번을 듣는 얘기라도 처음 듣는 양 표정도 관리해야 한다. 요즘 같아선 윗사람 노릇하기도 만만치가 않다. 평판이 그만큼 중요하기 때문이다.

승진에서 물을 먹더라도 좌절할 일은 아니다. 분노할 일도 아니다. 욱해서 사표를 낼 일은 더더욱 아니다. 실패한 원인이 무엇인지 스스로에게 물어봐야 한다. 좋은 상사가 되기 위한 자질과 역량을 갖추고 있는지 먼저 살펴볼 일이다. 이조정랑의 자리 하나를 두고 피비린내를 뿌린 조선 당쟁의 300년 역사를 보라. 세상에 쉬운 일이 어디 있겠는가.

07

경청의
리더십
—
〈정관정요〉

오긍 | 글항아리

"각하, 시원하시겠습니다."

이승만 대통령이 광나루에서 낚시를 하던 중 방귀를 뀌자 옆에 있던 모 도지사가 한 말이다. 국회 속기록에 나오는 얘기다. 이쯤 되면 누가 보더라도 아부다. 적절한 아부는 인간관계의 윤활유라고 말하는 이도 있지만, 대부분의 사람들은 아부에 대해 거부감을 가지고 있다. 비열하고 치사하다고 생각한다.

그러나 프로이트의 말처럼 사람은 공격에는 저항할 수 있어도 칭찬에는 대부분 무력하다. 상하 서열의 조직 사회에서 아부는 훌륭한 처세술로 둔갑하기도 한다. 문제는 리더십이다. 아부와 간언을 구별할 줄 아는 리더의 능력이다.

오긍의 《정관정요貞觀政要》는 당唐 태종과 위징, 방현령, 두여회, 왕규 등 신하들이 나눈 대화를 모아 놓은 책이다. 군주가 갖추어야 할 도리, 관리의 선발과 임명, 군주와 신하가 지켜야 할 계율, 백성들의 생활 등에 대한 내용들이 들어 있다.

리더십의 제일은 경청이다. 경청이 선행되지 않으면 소통이 있을 수 없다. 당 태종은 열린 정치, 경청의 정치를 펼쳤다. 그는 재상들의 말에 귀를 기울이고, 간언을 수용하였다. 그의 제왕학이 지금까지 리더십의 성전으로 읽히는 이유다.

정관성세의 재현을 바라는 마음

수隋 양제煬帝의 실정으로 민심이 흉흉하고 내란의 양상마저 짙어지던 617년, 이세민은 당시 군사령관이었던 아버지 이연을 설득해 군사를 일으켜 당을 건국한다. 정권 창출의 일등 공신이 되었지만, 태자의 자리는 장남 이건성에게 돌아갔다. 이세민은 자신을 시기하던 태자와 동생 이원길을 현무문에서 제거하고, 626년 아버지의 양위를 받아 즉위한다. 왕위에 오른 이세민은 연호를 정관貞觀으로 삼았다. 그의 나이 28세였다.

형제의 피를 업고 황제의 자리에 오른 당 태종 이세민. 그가 중국 역사상 가장 위대한 군주로 평가받는 이유는 그만큼 훌륭한 정치를 펼쳤기 때문이다. 실제로 그가 제위에 오른 626년부터 말년까지 당나라는 태평성대를 누렸다. 길바닥에 떨어진 남의 물건을 줍지 않았고, 행상으로 여행하는 사람들은 도둑이 없는 세상이라며 아무 데서나 노숙을 하고 다닐 정도였다. 이러한 정관의 치세는 당 태종 수하의 출중하고 충성된 인물들이 있었기에 가능했다. 뛰어난 아이디어를 발휘했던 방현령, 결단력이 뛰어났던 두여회가 좌우에 있었고, 강직하고 청렴한 위징이 승지로, 정직하고 깨끗한 왕규가 시중侍中으로 당 태종을 보필했다.

태종이 죽고 옥좌를 이어받은 고종이 아버지의 후궁이었던 측전무후를 황후로 받아들이면서 당도 쇠락의 길을 걷게 되었다. 《정관정요》는 바로 그 시기에 쓰였다. 측전무후의 전횡을 직접 목격한 사관 오긍이 당 태종의 정관성세貞觀盛世가 재현되기를 바라는 간절한 마음으로 불후의 명작을 집필한 것이다.

동양 최고의 제왕학 교본

《정관정요》는 동양의 제왕학 교본 중 으뜸으로 꼽힌다. 한국, 중국, 일본의 역대 통치자들이 탐독했다. 고려 광종과 조선 세종대왕과 정조가 즐겨 읽었고, 도쿠가와 이에야스도 《정관정요》를 항상 가까이 두었다. 뿐만 아니다. '믿지 못하면 쓰지 말고, 일단 쓰면 의심하지 말라'는 삼성그룹 창업자 고 이병철 회장의 인사 원칙도 이 책에서 나왔다.

《정관정요》는 태종이 위징, 방현령, 두여회 등 신하들과 대화를 통해 정사를 펼친 내용을 발췌하여 정리한 책이다. 위징은 원래 태종이 제거한 형 이건성의 심복으로 애당초 둘은 적대적 관계에 있었다. 태종은 비록 반대파일지라도 현명하고 능력 있는 인재를 발탁했으며, 그들의 간언을 받아들여 자신의 잘못된 행실을 바로잡고자 했다. 몸이 곧으면 그림자가 기우는 법이 없다는 것이 그의 생각이었다. 정관 6년 태종은 위징에게 물었다.

태종 : 무엇을 기준으로 현명한 군주라 하고, 어리석은 군주라 하오?

위징 : 군주가 영명한 까닭은 널리 듣기 때문이고, 군주가 어리석은 까닭은 편협되게 어떤 한 부분만을 믿기 때문입니다. …… 옛

날 요임금과 순임금이 다스릴 때에는 사방의 문을 활짝 열어 천하의 현명하고 덕망 있는 선비를 초빙하고, 시야를 넓혀 민간의 소리를 들었으며, 백성들의 정서를 살펴 정치를 맑게 했습니다. 이와 같이 했기에 성스럽고 현명한 군주는 분명하지 않은 것이 없었습니다. …… 반대로 진秦 이세二世는 자신을 깊숙한 궁궐에 숨긴 채 조정의 신하들과 백성들을 물리치고 환관 조고의 말만 들었습니다. 그래서 천하가 붕괴되고 민심이 돌아섰는데도 실태를 알지 못했습니다. …… 다른 사람의 군주가 된 자는 여러 의견을 듣고 아랫사람들의 합리적인 건의를 받아들여야만 합니다. 그렇게 하면 제아무리 권세가 큰 대신이라도 아랫사람들의 소리를 가리거나 군주를 어리석게 할 수 없으며, 백성들의 실정이 조정에 그대로 반영될 수 있습니다.

정관 10년, 태종은 신하들에게 창업과 수성 중에 어느 것이 더 어려운지를 물었다. 무장 출신으로 태종과 숱하게 전장을 누볐던 방현령은 당연히 창업이 어렵다고 답했다. 위징은 수성이 어렵다고 반박했다. 일단 천하를 얻은 뒤에는 마음이 교만하고 음란해져 나라가 쇠하고 백성이 피폐해지기 때문에 수성이 더욱 어렵다고 간한 것이다.

방현령 : 천하가 혼란스러우면 군웅이 다투어 일어나, 쳐부수고 격파하여 싸워 이겨 내야 합니다. 그런 연유로 창업이 어렵습니다.

위징 : 제왕이 병사를 일으키는 것은 반드시 세상이 혼란스러워진 뒤의 일입니다. 그러한 혼란을 제거하고 흉악한 폭도들을 진압하면 백성들은 제왕을 기꺼이 추대하고, 천하의 인심이 제왕에게로 돌아오게 됩니다. 창업은 하늘이 주고 백성들이 받드는 것이기에 어렵다 할 수 없습니다. 일단 천하를 얻은 후에는 마음이 교만하고 음란한 데로 달려가게 됩니다. …… 나라가 쇠락하고 피폐해지는 것은 언제나 이로부터 발생합니다. 따라서 이미 세운 업적을 지키는 일이 어렵습니다.

수성은 지속 가능한 기업을 꿈꾸는 오늘날 경영자들에게 가장 중요한 과제이기도 하다. 막상 창업은 했지만, 먹고 먹히는 정글에서 살아남기 위해 헤쳐 나가야 하는 수많은 난관들, 조금만 방심하면 생존을 위협하는 리스크들은 또 얼마나 많은가. 정관 15년, 태종이 신하들에게 말했다.

태종 : 천하를 지키는 일이 쉬운가, 어려운가?

위징 : 어렵습니다.

태종 : 현명하고 능력 있는 자를 임명하고 간언을 받아들이면 되거늘, 어찌 어렵다고 하는가?

위징 : 예로부터 내려오는 제왕들을 살펴보면, 상황이 위급할 때는 현명하고 재능 있는 사람을 임명하고 간언을 받아들였습니다. 일단 천하가 안정되고 살기 좋아지면 반드시 게을러졌습니다. …… 그 결과 나라의 세력은 나날이 쇠하여 결국 위급한 지경에 이르렀습니다.

역사를 보면 처음 세워졌을 때 강건해 보이던 나라도 점차 시간이 지나면서 기세가 약해지거나, 내부의 부패와 타락으로 망국을 자초하는 경우가 많았다. 당 태종은 사리사욕에 눈이 먼 군주가 도리를 지키지 않으면 나라가 바로 서지 않는다고 보고 몸과 마음의 수양을 리더십의 첫 번째 항목으로 두었다.

육정은 영광을, 육사는 치욕을

정관 14년 위징이 상소를 올렸다. 관리 선발에 대한 내용이었다. 그는 신하의 행위에는 육정六正과 육사六邪가 있어 육정에 따르면 영광스러울 것이고, 육사를 범하면 치욕스러울 것이라 했다.

육정은 다음과 같다.

성신聖臣 : 일의 맹아가 아직 움직이지 않고 형체가 드러나기 전에 독자적으로 나라의 존망과 득실의 요령을 미리 정확히 본다. 재앙이 일어나기 전에 그것을 소멸시켜 군주로 하여금 영광된 지위에 있도록 한다.

양신良臣 : 전심전력으로 국사를 처리하고, 매일같이 군주에게 좋은 의견을 바친다. 예의로써 군주를 염려하고, 훌륭한 계책을 군주에게 아뢰며, 군주에게 좋은 생각이 있으면 따른다. 군주에게 허물이 있을 때는 바로잡는다.

충신忠臣 : 일찍 일어나고 늦게 자며, 현명하고 재능 있는 자를 추천하는 일에 게으르지 않다. 항상 고대 현인의 행실을 칭찬하며, 그것으로 군주의 의지를 격려한다.

지신智臣 : 일의 성패를 분명하게 볼 줄 알고, 일찍 대비하고 법을 세워 보충한다. 새는 부분을 막고, 재앙의 뿌리를 끊으며, 재앙을 복으로 만들어 군주로 하여금 시종 근심이 없게 한다.

정신貞臣 : 법도를 준수하고, 인재를 추천해 직무를 잘 처리한다. 뇌물을 받지 않으며, 봉록을 탐하지 않고, 상을 다른 사람에게 사양한다. 음식을 절약하며 검소하게 산다.

직신直臣 : 군주가 어리석어 나라에 혼란이 발생하더라도 아첨하며 윗사람의 행위를 따르지 않는다. 과감하게 군주의 성난 안색을 범하고, 군주의 허물을 면전에서 논의한다.

육사는 다음과 같다.

구신具臣 : 관직에 안주하고, 봉록을 탐하며, 공사에 힘쓰지 않는다. 세태의 흐름에 따라 부침하며, 일이 발생하면 관망할 뿐 자신의 주관적인 견해는 조금도 없다.

유신諛臣 : 군주가 어떤 말을 하든 모두 좋다고 하고, 군주가 어떤 일을 하든 모두 옳다고 한다. 은밀히 군주가 좋아하는 것을 찾아 바치고, 그것으로 군주의 눈과 귀를 즐겁게 한다. 군주의 수법에 영합하여 자신의 관직을 보존하며, 군주와 함께 즐기면서 이후의 폐해에 대해서는 돌아보지 않는다.

간신奸臣 : 마음속은 간사하고, 교묘한 말과 온화한 낯빛으로 다른 사람의 환심을 사지만, 속으로는 어진 사람을 질투한다. 그가 누군가를 추천할 때는 우수한 점을 과장되게 칭찬하고 단점은 가리며, 누군가를 비방할 때는 허물을 과장되게 나타내고 우수한 점은 가린다. 군주가 포상과 징벌을 모두 적절하게 시행하지 못하게 하고, 명령을 집행할 수 없게 한다.

참신讒臣 : 교묘하게 잘못을 가리고, 궤변으로 유세를 한다. 속으로는 골육지친骨肉之親의 관계를 이간시키고, 밖으로는 조정에서 반란을 조성한다.

적신賊臣 : 대권을 쥐고 전횡하며, 사사건건 시비를 건다. 사사로이 패거리를 지어 자기 집만 부유하게 하고, 임의로 성지를 위조하여 스스로 존귀해지게 한다.

망국신亡國臣 : 화려하고 교묘한 말로 군주를 속여 불의에 빠지게 하고, 사사로이 당파를 결성하여 군주의 눈을 가린다. 군주로 하여금 흑백을 구분하지 못하게 하며, 시비가 불분명하여 군주의 악명이 전국은 물론 사방의 이웃 나라에까지 퍼지도록 한다.

열어야 얻는 리더십

육정과 육사에 대한 내용은 리더들이 귀담아들어야 할 대목이다. 리더십은 리더 개인에 의해 만들어지지 않는다. 부하들과 상호 협력할 때에만 발휘할 수 있는 힘이다. 성공한 리더들의 공통점은 냉철한 현실 인식과 합리적인 판단, 무엇보다 탁월한 부하들이 곁에 있었다는 사실이다. 육정과 육사를 구분 못 해 갈등이 심화되고 조직 내부에 금이 가기 시작한다면 수성은커녕 존립마저 위태로워진다.

시대에 따라 리더십도 변화를 거듭했지만,《정관정요》가 지금까지 리더십의 고전으로 읽히는 이유는 통치의 근본을 지키고 있기 때문이다. 지나친 칭찬이 칭송으로, 칭송이 아부로 바뀌는 것이 동서고금을 통해 보이는 궁정의 속성이다. 때로는 위징의 거침 없는 비판에 분을 참지 못했던 태종도 그가 죽자 크게 울며 말했다.

"구리로 거울을 만들면 의관을 단정히 하고, 역사를 거울로 삼으면 왕조의 흥망을 알 수 있으며, 사람을 거울로 삼으면 자신의 득실을 분명히 할 수 있소. 나는 일찍이 세 개의 거울로 나의 허물을 방지할 수 있었소. 위징이 이제 내 곁을 떠났으니, 난 거울 하나를 잃었소."

위징과 같은 부하를 두는 것은 모든 리더들의 바람일 것이다. 그러기 위해서는 리더들의 마음이 먼저 열려야 한다. 열어야 얻는다.

나는 일한다.
고로 존재한다

—

〈인생학교 일〉

로먼 크르즈나릭 | 쌤앤파커스

모형 제작업을 하는 S 사장은 손재주가 뛰어나다. 작은 미니어처부터 대형 자동차 모형에 이르기까지 그의 손을 거치면 안 되는 게 없다. 가위손보다 정교하고 섬세하다. 그의 사무실은 직접 제작한 전시용 제품들과 취미 삼아 만들어 놓은 소소한 물건들이 곳곳에 놓여 있어 갈 때마다 눈이 신난다.

꼼꼼하고 정확한 성격에 미적 감각까지 갖춘 그는 사진작가이기도 하다. 최근엔 유명 골프장의 광고 사진을 맡기도 했다. 그의 비밀의 방에는 듣도 보도 못 한 진귀한 카메라들이 가득하다. 테시나 35, 슈퍼 이콘타 645·66·69, 보이그렌더 베사 R3A, 롤라이 35S, 롤라이플렉스 SL66, 마미야 RB67, 린호프 테크니카 V, 지나 P2 등이 그의 장비들이다.

S사장의 제품들과 물건들을 보고 있으면 '참 천직이다' 싶다. 모두 그의 열정과 능력, 성격과 장점들이 빚어낸 훌륭한 제품과 작품들이다. 그는 삶의 기쁨 중 일부분을 일로 완성하는 듯하다. 일은 생존의 문제이기도 하지만, 성취의 문제이기도 하다. 그의 사무실을 나오며 스스로에게 되물었다. 과연 나는 나의 일을 사랑하는가?

우리가 일을 하는 이유

2008년 영국 런던에서 처음 '인생학교'가 문을 열었다. 프랑스 작가 알랭 드 보통을 중심으로 하는 여러 지성인들이 인생과 관련된 문제들을 인생학교에서 함께 풀어 보고자 했다. 세계 각국의 독자들이 인생학교의 강연과 토론에 참여하면서 큰 호응을 얻었다.

《인생학교》 시리즈는 섹스, 돈, 일, 정신, 세상, 시간 등에 대한 사유와 철학의 문제들을 각 주제별로 엮은 책이다. '일' 편을 쓴 로먼 크르즈나릭은 우리가 일하는 다섯 가지 이유를 다음과 같이 말한다.

첫째, 돈을 버는 것. 둘째, 사회적 지위를 획득하는 것. 셋째, 보다 나은 세상을 만드는 일에 기여하는 것. 넷째, 열정을 따르는 것. 다섯째, 재능을 활용하는 것.

사람들에게 무슨 일을 하는지 물어보면 대부분의 대답은 위의 첫 번째 이유에서 벗어나 있다. 직업은 곧 사회적 지위이기도 하기 때문이다. 그렇다면 남보다 높은 위치이거나 남이 부러워하는 직업을 가졌다 하여 과연 성공한 것일까. 크르즈나릭은 "사회적 인정에 민감한 사람일수록 지위와 명성을 얻기 위해 개인적인 희생을 기꺼이 감수한다"고 설명한다.

지위 상승에 대한 사람의 욕망은 끝이 없다. 설령 높은 자리에 속하는 그룹에 속했다 할지라도 그 안에는 언제나 더 높은 그룹이 있기 마련이다. 결국 만족할 만한 지위에는 영원히 오를 수 없게 된다. 누군가 직업을 물으면 우리는 재빠르게 하나의 물음표를 던진다. '직업을 말했을 때 과연 저 사람이 나를 어떻게 생각할까?' 하지만 사회적 지위가 높다고 해서 반드시 존경을 받는 것은 아니다.

M 사장은 신입사원 면접에서 항상 묻는 항목이 있다. '당신의 꿈은 무엇인가?'이다. 그는 아직까지 마음에 드는 대답을 듣지 못했다. 80~90%는 '회사에서 인정받는 직원이 되어서 어느 자리까지 올라가겠다'고 답한다고 한다. '목적이 분명한 요즘 신세대의 야망'이라며 허탈하게 웃는다. 그러면 어떤 대답을 원하느냐고 물어보았다. '자신이 하는 일이 세상을 변화시키고, 그 가치와 혜택을 함께 나누는 것. 이것이 내가 원하는 답'이라고 그는 말했다.

자신이 가진 재능과 열정을 쏟아부을 수 있는 일을 하는 사람은 행복하다. M 사장은 자신의 손에서 만들어지는 모든 물건들에 심혈을 기울인다. 그가 납품하는 제품에 클레임이 발생한 적이 거의 없다. 밤샘 작업과 주말 작업은 다반사이다. 그래도 그에게서 지친 기색이라고는 보이지 않는다. 그에게 일은 일인 동시에 즐거운 놀이다. 100년 전 프랑스 작가 프랑수아 르네 드 샤토브리앙은 인생의 고수를 이렇게 설명했다.

"진정한 삶의 고수는 일과 놀이, 노동과 여가, 몸과 머리, 공부와 휴식을 명확하게 구분하지 않는다. 그는 두 가지 중 뭐가 뭔지도 잘 알지 못한다. 무엇을 하든 그저 탁월함을 추구하고, 그에 걸맞게 완성할 뿐이다. 그것이 일인지 놀이인지는 타인의 판단에 맡긴다. 그 자신은 언제나 두 가지를 모두 하고 있다."

최근 한 케이블 방송에서 대물림하고 싶은 직업 19가지를 발표했다. 1위가 초등학교 교사다. 뒤를 이어 성우, 신부, 국악인, 아나운서, 도선사, 웃음치료사 순이었다. 순위에는 CEO도, 은행원도 없었다. CEO들에게 직업에 만족하는지를 물어보면 대부분 대답을 주저한다. 사장의 자리는 할 일은 많고 시간은 없으면서 책임은 무거운 골치 아픈 자리라는 것이다. 게다가 외로운 자리라고 말한다. 다음은 영국의 한 자영업자의 말이다. 그의 말에 전적으로 공감한다면 당신은 행복한 CEO다.

"자영업은 멋지지만 동시에 끔찍해요. 휴가는커녕 아파도 쉬지도 못하고, 안정성도 보장되지 않으니까요. 자기 계발도 자기 돈 들여서 하지 않는 한 기회가 없죠. 잘한다고 칭찬해 주는 사람이 있기를 하나, 열심히 일해도 알아주는 사람이 있나. 조금이라도 부주의했다가는 새벽이나 한밤중, 심지어 주말까지 일해야 하죠. 문제가 터져도 탓할 사람이나 의논할 사람이 없죠. 하지만 후회하지는 않아요. 스스로 일정을 관리할 수 있고, 원하는 사람들과 돈독한 인간관계를 맺을 수 있어서 좋아요. 혼자 힘으로 조금씩 나아가고 있다는 사실도 확인할 수 있지요. 수강생들이 긍정적인 힘을 얻었다고 고마워할 때는 작게나마 변화를 만들었다는 사실에 뿌듯해져요. 안정적이지 않다고요? 물론 그렇죠. 처음부터 각오한 일인걸요. 대기업에서 일할 때처럼 안정감이 없어졌다고 속상해하지 말아요. 그런 안정감 따위는 애초부터 존재하지 않는다고 생각하면 돼요. 사실 직장인들도 하루아침에 해고되거나 병에 걸릴 수 있잖아요. 인생은 아무리 짧은 순간에도 우리 마음대로 흘러가리라는 보장이 없으니까요."

누구에게나 인생은 쉽지 않다

《인생학교 일》의 후반부에 나오는 마담 퀴리의 사례는 직업에 대한 성취와 가치를 일깨워 준다. 마담 퀴리는 1867년 폴란드의 한 가난한 지식인의 딸로 태어났다. 가정 형편이 어려워 정규 학교 교육을 받지 못한 그녀는 낮에는 가정 교사로 일하고, 밤에는 수학과 해부학 책을 읽으며 돈을 모았다. 마침내 24세에 파리로 건너가 꿈에도 그리던 의학 공부를 하게 된다. 퀴리는 화학과 물리학에 관심을 보이면서 40년 넘게 과학에 몰두한다. 학교에서건 집에서건 매일 12~14시간을 연구에 할애했다. 1897년 남편과 방사능 연구를 시작해 이듬해에 폴로늄과 라듐을 발견하고, 4

년 뒤에는 순수한 라듐을 분리하는 데 성공했다. 1903년 노벨물리학상과 1911년 노벨화학상을 수상한 그녀는 프랑스 최초의 여성 교수로, 세계적인 과학자로 명성을 얻게 되었다.

퀴리는 자신의 일에 모든 것을 걸었다. 가난과 영양실조에도 불구하고 명예를 얻은 퀴리는 부를 모으는 일과 사회적인 위상 따위에는 관심조차 없었다. 특히 웨딩드레스에 대한 일화는 유명하다. 결혼을 앞두고 웨딩드레스를 사주겠다는 친척에게 그녀는 검은색 웨딩드레스를 주문했다. 나중에 실험실에서 작업복으로 입기 위해서라고 한다. 1934년 67세의 나이로 세상을 떠나며 그녀는 이렇게 말했다.

"누구에게나 인생은 쉽지 않은 법이다. 하지만 어떻게 살아야 하는가? 끈기와 함께 무엇보다 자신에 대한 확신을 가져야 한다. 자신이 어떤 일엔가 재능이 있다고 믿어야 하며, 어떤 희생을 치르든 그것을 달성해야만 한다."

그녀는 천직이 갖는 모든 특성을 갖추었다. 과학적인 재능, 일에 대한 열정, 자신의 연구가 세상에 기여한다는 자신감, 그리고 자신이 세운 목표를 반드시 달성하겠다는 끊임없는 노력이다.

크르즈나릭은 마담 퀴리의 생애가 '천직은 찾는 것이 아니라 키워 나가는 것'이라는 답을 선사했다고 말한다.

"마리 퀴리는 기적 같은 통찰의 순간을 거쳐서 방사능 물질 연구에 일생을 바치기로 결심하지 않았다. 그 목표는 쉬지 않고 과학 연구를 하는 동안 서서히 그녀의 삶으로 돌아왔다. …… 하늘에서 큰 소리로 천직이라고 알려 준 것도 아니었지만, 그녀는 조금씩 목표에 열중해 갔다. 대부분 천직은 이렇게 나타난다. 간혹 폭발적인 깨달음의 순간으로 천직을 찾는 사람들도 있지만, 보통은 자신도 모르는 사이에 천천히 확고해진다."

일에 대한 만족은 결국 일을 대하는 우리의 자세이다. 크르즈나릭은 천직이라고 할 만한 직업을 찾고 싶다면 가만히 앉아서 혜성처럼 나타나기만을 기다려서는 안 된다고 강조한다. 마담 퀴리처럼 천직을 키우려는 노력을 기울여야 한다는 것이다.

나는 S 사장의 일하는 즐거움에 박수를 보낸다. 그가 지치지 않는 것은 정력이 넘쳐서도 아니고, 강한 체질 때문도 아니다. 그의 손이 품고 있는 재능과 가슴이 담고 있는 열정, 자신의 제품이 사람들의 생활에 아름다움과 실용성을 선사한다는 확신 때문이다.

오늘도 그는 작업실에서 늦게까지 불을 밝혀 놓을 것이다. 그 불빛이 세상을 환히 비추는 몰입의 불빛이기를 바란다.

자동차 수리 센터를 운영하는 K 사장은 자동차 소리만 듣고
도 어디가 고장인지 금방 알아차린다. 그런 그가 자신의 몸을 점
검하기 위해 건강 검진을 다녀왔다. 상냥하고 예쁜 여직원의 안내
에 따라 기초 검사를 할 때만 해도 기분이 좋았다. 키, 몸무게, 혈
압, 비만도, 심전도 등의 검사를 마치고 당뇨, 신장, 통풍, 간, 갑상

선, 종양, 위장과 대장 내시경까지 했다. 그의 표현대로라면 오장육부를 전부 들여다봤단다. 최첨단 장비가 선사하는 현대 의학의 화려한 쇼를 보고 나온 기분이었다나.

마지막 문진 차례가 되었다. 의사 앞에 앉자 갑자기 불안해지더란다. 뭔가 잘못을 해놓고 처분을 기다리는 문제 학생처럼 순간 주눅이 들었다. 검사 결과를 유심히 보는 의사의 눈빛이 예사롭지 않았다. 혹시 중병에라도 걸린 걸까? 작년에 전립선암 수술을 받은 중학교 동창이 생각났다. 말없이 미간까지 찌푸리며 컴퓨터 화면을 요리조리 보는 의사. 잠깐 동안의 침묵이 너무도 길게 느껴졌다. 이윽고 의사가 뭔가 말을 할 듯하더니 도로 입을 닫았다. 그러더니 의사의 한숨이 이어졌다. 머리카락이 쭈뼛 섰다.

'드디어 올 것이 왔구나. 하긴 요즘 소화도 잘 안 되는 것 같고, 소변 줄기도 영 힘이 없다. 술 먹은 다음 날은 온몸이 짐짝이다. 새벽이면 잠을 깨우던 양기도 예전 같지 않다. 운동이라고는 어쩌다 한 번씩 나가는 골프밖에 없으니 운동이라 할 수도 없다. 자동차 몸은 매일 구석구석 들여다보면서 정작 내 몸에 대해서는 왜 그리 무관심했을까.'

살아온 세월이 주마등처럼 지나갔다. 회한과 후회가 파도처럼 밀려오고, 가족들의 얼굴이 하나씩 떠올랐다. 유학 간 막내 생각에 코끝이 찡해졌을 즈음 드디어 의사가 입을 열었다.

"술 좀 줄이시고, 뱃살부터 빼세요."

몸에 대한 새로운 인식을 가지다

"가장 깊으면서 동시에 가장 투명하고, 가장 체계적이면서 동시에 가장 야생적이다."

고전 평론가 고미숙 박사가 우리의 몸에 대해 한 말이다. 그에 따르면 몸은 우주다. 하늘에 사계절이 있는 것처럼 우리 몸에도 사지가 있고, 해와 달이 있는 것처럼 음과 양이 있으며, 목화토금수의 오행이 있듯이 사람에게도 오장이 있다는 것이다. 그러니 우주의 원리를 이해하지 않고는 몸을 이해할 수 없다는 주장이다.

우리는 우리의 몸을 알려고 하기보다는 병원이나 의료 시설에 그냥 맡겨 버린다. 나의 무지와 무관심을 의사들이 알아서 해 주기 때문이다. 병원은 나의 몸을 낱낱이 분리하여 검사하고, 결과물을 토대로 정상과 비정상을 판단한다. 문제가 발견되면 재생 과정을 거쳐 다시 활동 가능한 몸으로 회복시켜 주기도 한다. 그에 대한 대가로 우리는 건강과 질병을 신탁하는 병원에 막대한 돈을 쏟아붓고 있다. 물론 현대 의학의 눈부신 발전과 혜택을 부정하는 것은 아니다. 과연 우리는 우리의 몸에 대해 얼마나 알고 있는가.《고미숙의 몸과 인문학》은 바로 이 질문에서부터 시작한다.

　　"우리는 질병과 삶, 질병과 건강을 날카롭게 분리한다. 건강은 정상적인 것이고, 아프다는 건 비정상적인 상태라 여기는 것이다. 그러므로 수단과 방법을 가리지 않고 정상화해야 한다고 믿는다. …… 아프니까 열등하다, 아프니까 불행하다고? 아니다, 그렇지 않다! …… 생명과 우주의 차원에선 아픈 것도 삶의 또 다른 과정에 해당한다. 그런 점에서 원초적으로 장애란 없다! 또 질병과 불행은 직접적으로 연결되지 않는다. 오히려 질병은 생명의 능동적 전략이기도 하다. 아픔을 통해서만이 삶의 새로운 질서가 창조되기 때문이다."

　　누구나 무병장수를 원한다. 생명이 있는 모든 것들은 병으로부터 자유로울 수 없다. 어제까지만 해도 팔팔하던 사람이 갑작스럽게 세상을 뜨는 경우가 있는가 하면, 국내 최고의 암 전문 의사가 암에 걸리는 경우도 있다. 고미숙 박사는 누구나 다 아프다고 말한다. 결국 질병이란 우주의 발생과 더불어 생겨났기 때문에 아픈 건 당연하다고 한다. 아픔에도 '불구하고' 사는 것이 아니라,

'아파야' 산다. 이것이 자연의 이치라고 그는 말한다. 문제는 질병에 대한 우리의 인식과 자세이다. 질병을 장애로 간주하는 비뚤어진 사회 통념이야말로 심각한 장애라는 주장이다.

건강이란 무엇인가?

TV 드라마의 한결같은 주제는 사랑이다. 그런데 사랑의 쟁취를 위해 단골로 등장하는 소재가 역설적이게도 불치병이다. 극중 인물들이 서로 치고받고 물어뜯고 할퀴다가 갈 때까지 가면 어김없이, 또한 난데없이 불치병이 등장한다. 하기야 보는 사람도 혈압이 오를 정도니 당사자들은 오죽할까 싶다. 멀쩡한 몸으로 사는 사람이 오히려 이상할 정도다. 병에 걸리는 게 당연하다. 고미숙 박사는 건강을 다음처럼 풀어 말한다.

"건강이란 무엇인가? 단지 병에 걸리지 않고 각종 수치가 정상이면 건강한 것인가? 어떤 삶을 살든 간에? 절대 그렇지 않다. 삶이 왜곡되면 생리적 리듬도 어긋나게 마련이다. 가족을 지키기 위한 전쟁도, 지순한 사랑의 파토스도 삶에 대한 통찰로 이어지지 않으면 다 병이 된다. 그리고 이 병은 선천적으로 타고난 질병보다 더 치명적이다. 존재 자체를 심각하게 훼손시킬 테니 말이다.

그러므로 건강은 삶에 대한 지혜와 분리될 수 없다."

인도의 아유르베다 의학은 병을 '지혜의 결핍'이라고 정의한다고 한다. 탐욕과 증오로 가득 찬 몸에 지혜가 스며들 틈이 어디 있겠는가. 원망과 증오, 탐욕과 타락, 이기심과 오만함 등은 곧 스트레스로 이어져 몸속 곳곳에 독소를 만들고 병을 퍼트릴 준비를 한다. 병의 숙주를 스스로 심는 셈이다. 수백만 원에 달하는 건강 검진 결과 정상으로 판정되었더라도 비뚤어진 영혼을 지닌 사람이라면 건강하다고 볼 수 없다. 몸이 건강하려면 당연히 마음이 건강해야 한다. '몸은 보이는 마음이고, 마음은 보이지 않는 몸'이라고 하지 않던가.

나는 그래서 인문학이 꼭 필요하다고 생각한다. 인간과 세상에 대한 성찰, 내적 영역에 대한 탐구, 지혜로워지는 방법이 인문학 안에 있다. 우리의 몸을 아는 것은 단지 몸 자체를 아는 것이 아니라, 내면과 외부의 소통을 이해하는 것이다. '건강하다'가 곧 '지혜롭다'라는 인도 의학은 이 점을 정확히 꿰뚫고 있다.

몸은 인생의 궤적을 보여 주는 기록물

웰빙 열풍과 함께 동안 열풍, 성형 열풍이 가세했다. TV와 각종 매체는 외모 지상주의를 부추기고, 20대로 보이는 40대에게 상까지 준다. 젊어 보이는 온갖 비법들이 공개되면서 너도나도 공유한다. 요즘에는 '멋있다, 예쁘다'는 말보다 '젊어 보이세요'라고 하면 최고의 칭찬이란다. 보톡스는 말할 것도 없고, 찢고 깎고 트는 사람들로 성형외과는 넘쳐 난다. 수십 번 성형에 전신 성형까지 서슴지 않는 성형 중독자들이 자신의 몸을 학대하고 있다. 끔찍하다. 아니, 사람들이 모두 20대 미인들로만 보이면 세상이 어찌되겠는가. 얼굴은 20대, 얼굴 밑으로는 50대로 분리해서 봐야 하는 걸까.

늙음에 대한 부정적인 인식이 문제다. 나이 들면 보기 흉하고 쓸모없고 귀찮은 대상으로 여긴다. 젊음이 중심이고 청춘이 권력인 사회에서는 늙음이 재앙이다. 수많은 중년들이 지갑을 털어 기꺼이 성형 대열에 끼어든다. 외모가 힘이라는 인식이 바뀌지 않는 한 성형 열풍, 동안 열풍은 끊이지 않을 것이다. 고미숙 박사는 춘하추동에 특권과 서열이 없듯이 인생의 매 순간도 그 자체로 완전해야 한다고 강조한다. 다음은 동안 열풍에 대한 그의 주장이다.

"어쩌다 이 지경에 이르렀을까? 알다시피 자본주의는 오직 '청춘'만을 삶의 정점으로 간주한다. 나머지는 다 여분이거나 엑스트라다. 생로병사의 리듬에서 '늙고 병들고 죽는' 과정을 어떻게든

지연시키려는 인식의 산물이다. 말하자면 성숙하기를, 무르익기를 거부하는 것이다. 성숙이란 삶을 온전히 자신의 힘으로 밀고 가는 것을 의미한다. 존재와 세계를 통찰하는 힘이기도 하다. …… 30대 여성이 10대들과 젊음과 미모를 경쟁하거나, 40~50대 여성이 사춘기 때의 정서를 고스란히 반복하는 것, 60대 여성이 인정 욕망에 시달리는 것, 이건 시쳇말로 '멘탈 붕괴'에 다름 아니다. 실제로 '동안'에 갇히는 순간 마음은 조증과 울증을 오르락내리락하거나, 혹은 도피와 중독을 되풀이하는 등 진짜로 붕괴를 향해 달려간다."

우리나라 사람들의 평균 기대 수명은 81세다. 세계보건기구의 발표에 따르면 2011년 출생아를 기준으로 한국인의 기대 수명은 남자는 77세, 여자는 84세로 추산되었다. 평균 수명이 100세를 넘는 시대가 곧 도래한다고도 한다. 그때가 되면 정년이 80세가 되고, 결혼이나 가정에도 큰 변화가 생길지도 모를 일이다. 무병장수하고 싶은 인간의 욕구는 당연하다. 불멸을 꿈꾸던 권력자들도, 젊음을 뽐내던 청춘들도, 미모를 과시하던 미인들도 저마다 무병장수를 꿈꾸었지만, 모두 유한한 삶을 살다 우주로 되돌아갔다. 우리의 몸이 왔던 곳으로, 우리의 영혼이 시작된 곳으로 말이다.

몸은 인생의 궤적을 보여 주는 기록물이다. 자신이 걸어왔던 대로, 자신이 생각했던 대로, 자신이 부려 먹은 대로 몸에는 모든 것들이 저장된다. 그 책임은 온전히 몸의 주인에게 있다. 그 기록이 몸에 잘 맞지 않거나 문제가 생겼을 때 몸은 우리에게 끊임없이 신호를 보낸다. 우리는 그 신호를 잘 알아차리지 못하며, 알더라도 대수롭지 않게 생각한다. 그러다 덜컥 큰일이 생기면 그제야 허겁지겁 뒤늦은 처방을 한다. 중요한 것은 '앎'이다. 고미숙 박사의 말마따나 우리 몸을 알아야 한다.

비록 소리만 듣고도 자동차의 어디가 고장인지 금방 알아차린다는 K 사장이라도 자신의 몸에 대해서는 잘 몰랐다. 이제는 몸이 내는 소리에도 귀를 기울여야 한다. 몸은 우리의 관심을 필요로 한다. 의사의 처방전이나 보톡스를 원하는 것이 아니라, 주인의 관심과 사랑이 필요하다.

길어진 평균 수명이 축복인지, 재앙인지에 대해 의견이 분분하다. 어쨌든 살아야 한다. 그것도 건강하게 살아야 한다. 건강하게 살려면 몸을 알아야 하고, 몸과 연결된 정신 줄도 놓지 않아야 한다. 그래야 지혜가 생긴다. K 사장의 뱃살 빼기도 이런 토대에서 시작되어야 한다.

10

돈,
돈, 돈

―
〈돈의 인문학〉

김찬호 | 문학과지성사

2013년 3월 6일, 근로자들의 결혼 밑천이었던 재형저축이
18년 만에 부활했다. 총급여액 5천만 원 이하인 근로자와 종합 소
득액 3천5백만 원 이하인 개인 사업자가 가입 대상이다. 1976년
재형저축 도입 때의 금리인 연 20%대에는 크게 못 미치지만, 7년
이상 부으면 비과세에 금리도 연 4%대라 과세형 적금에 비하면

그래도 나은 편이다.

첫날 은행 창구는 가입하려는 근로자들과 문의 전화로 북새통을 이루었다. 한 달이 지났을까. 첫날 가입했던 P테크 K 대리가 재형저축을 해지하겠다며 창구를 다시 찾았다. 한 달 적립금 5만 원이면 그리 큰 부담도 아니고, 회사를 그만두더라도 계속 부을 수 있는데 무슨 일인가 싶어 사유를 물었다. 사연인즉 이러했다.

얼마 전 소개를 통해 만난 여성이 '재형저축 통장이 있냐'고 물어보더란다. 가입했다고 대답하자 그 이후로 연락이 끊겼단다. K 대리의 연봉이 5천만 원도 안 된다는 사실을 안 여성이 무언의 이별 통보를 한 것이다. 실망스러워하는 K 대리를 보며 마음이 무거웠다. "더 좋은 인연을 만나실 거예요"라고 말했지만, 참 궁색한 위로였다. 돈이란 무엇인가? 얼마나 귀하신 몸이기에 한 사람의 가치와 희망이 그 권력 앞에 여지없이 무너지는가.

돈이 좋은 일곱 가지 이유

결혼 정보 회사 '선우'의 조사에 따르면 2012년 우리나라 미혼 여성들이 바라는 배우자의 연봉은 8천만 원이다. 물론 정규직이어야 하고, 고학력에 전문직 종사자이면 금상첨화다. 성격이나 취미, 가치관 등은 묻지도 따지지도 않는다. 2013년 대한민국의 행복은 성적순이 아니라, 소득순이 되었다.

많은 사람이 행복하기를 바란다. 그 행복도 일단 '돈을 깔고 있는 행복'이라야 한다. 2002년 모 카드 회사가 외친 '부자 되세요'란 광고 카피는 순식간에 온 국민의 공식 인사로 통용되었다. 부자만 되면 무엇이든 할 수 있다는 의식이 날개 돋친 듯 확산되었다. 돈만 있으면 다 되는 세상, 로또 한 장에 인생 역전을 꿈꾸는 세상, 돈을 위해서라면 어느 정도 부정은 눈감아도 되는 세상에 우리는 살고 있다.

《돈의 인문학》의 저자 김찬호 교수는 돈이 좋은 일곱 가지 이유를 이렇게 말한다. 첫째, 소지가 간편하다. 둘째, 한순간 획득할 수 있고, 소유권의 유지도 수월하다. 셋째, 간단하게 증여된다. 넷째, 은닉이 쉽다. 다섯째, 가치 중립적이다. 여섯째, 범용성을 지닌다. 일곱째, 자가 증식을 한다. 그 외에도 사람들이 돈을 좋아하는 이유는 막강한 영향력 때문이다.

VIP란 용어에는 '돈이 있기 때문에 중요한 사람'이라는 뜻이 숨어 있다. 그러면 VVIP는 '돈이 매우 많기 때문에 매우 중요한 사람'이란 뜻이겠다. 부자들이 어딜 가나 대접을 받는 이유는 돈 때문이다. 겉으로는 보잘것없어 보여도 허구한 날 여자들에게 둘러싸여 있는 남자는 돈이 많은 사람이다. 돈은 불가능을 가능으로 바꿀 수도 있다. 성형 수술로 미인을 만들 수도 있고, 발기 부전도 고칠 수 있고, 잃었던 건강을 되찾을 수도 있다.

돈은 무엇보다 그 자체만으로 위안이 되고 든든한 힘이 된다. 여든이 훨씬 넘으신 고령에도 매일 은행에 들러 푼돈을 저금하시는 어르신들께 "할아버지, 이 돈으로 맛있는 것 사 드시지 뭐하려고 저금하세요?"라고 하면 대답은 한결같다. "모르는 소리! 죽어서도 돈이 있어야 해." 그렇다. 인생의 마지막 순간까지 나의 존재를 지탱해 주는 것은 역시 돈이다. 그렇지 않고서야 노잣돈이 왜 생겨났겠는가.

돈의 역사

돈의 역사를 살펴보자. 역사 이전에는 조개껍데기가 교환 수단으로 쓰였다. 김찬호 교수는 돈과 관련된 한자에 유난히 조개 패貝 자가 많이 들어간 이유가 그 흔적 때문이라고 설명한다. 쌓을 貯, 재물 財, 보배 寶, 탐할 貪, 도적 賊, 살 買, 팔 賣 등을 보면 하나같이 조개를 품고 있다.

로마 시대에는 소금이 화폐로 사용되었다. 당시 소금은 금이나 은처럼 값진 물건이었다. 로마군은 월급으로 소금을 받았다. 영어 Salary라는 말이 소금을 뜻하는 Salt에서 유래한 역사적 배경이다. 그 후 광물이 발견되고 제련업이 발달하면서 금속을 화폐로 만들어 쓰기 시작했다. 그렇다고 교환 수단으로 금속 화폐가 널리 사용된 것은 아니었다. 우리나라의 고려와 조선 시대에도 금속 화폐가 있었으나 대부분 면포, 견포 등의 옷감과 쌀 등의 물품 화폐가 더 많이 사용되었다.

화폐의 일대 개혁이 일어난 것은 지폐가 등장하면서부터다. 13세기 중국 원나라는 '교초交抄'라고 하는 지폐를 이미 사용했다. 유럽에서는 1661년 스톡홀름은행이 최초로 은행권 지폐를 발행했다. 지금은 어떠한가. 반드시 종이로 만든 지폐를 화폐라고 보지 않는다. 신용 카드의 한도나 통장 잔액, 각종 마일리지와 포인트, 캐시백 등 돈을 대체하는 모든 수단들을 통틀어 화폐의 범주에 놓는다. 물질로서의 돈이 아니라 가상의 공간에 돈이라는 시스템을 만들어 놓고, 그것이 표시하는 숫자를 활용한다. 더 이상 만질 수 있는 돈이 아니다.

월급을 지폐로 받던 시절의 남성들에게 월급봉투는 권위와 부성夫性의 상징이었다. 통장의 온라인화는 남편의 위상과 비자금의 기회를 앗아 갔다. 금융 시스템의 발전이 눈부신 만큼 남성들의 존재감은 차츰 빛을 잃었다. 화폐의 물질성이 사라지고 있는 것이다.

최근 스마트폰이 보편화하면서 인터넷 뱅킹도 이제 한물갔다. 내 손안에 은행이 들어 있다. 은행에 굳이 가지 않아도 통장을 만들고 거래를 할 수 있다. 영업시간과 지점 위치를 확인할 필요가 없다. 언제 어디를 가든 스마트폰을 통한 은행 거래가 쉬워졌다. 학원비를 깜빡했다가 주말 캠핑장에서 스마트폰으로 송금했다는 지인이 '세상 좋아졌다'는 소리를 한 적이 있다. 그 말을 듣고 잠시 생각을 해보았다. 과연 좋은 세상으로 우리가 가는 것일까. 지금이야 신입 행원들이 수백 대 일의 경쟁을 뚫고 은행에 들어오지만, 모든 은행 업무를 전산 기기가 처리한다면 언젠가 은행원이라는 직업도 역사 속으로 사라질지도 모른다.

내가 생각하는 기준이 중요하다

우리가 맞는 문명의 위기는 돈의 위기이기도 하다. IMF가 그러했고, 2008년 미국발 금융 위기가 그러했다. 믿는 돈에 온몸이 찍히고 멍들었음에도 여전히 돈은 신처럼 숭배되고 있다. 사람은 못 믿어도 돈은 믿을 수 있다는 것이다. 개인 간의 분쟁도, 조직간의 경쟁도, 나라 간의 전쟁도 그 속을 들여다보면 돈이 깊숙이 개입되어 있다. 돈, 돈 하다 결국 돌아 버리는 일이 지구상에 수도 없이 일어나지 않는가. 한 푼 두 푼 평생 어렵게 모은 돈을 펀드나 주식에 잘못 투자하는 바람에 몽땅 날린 사람들, 일확천금의 꿈을 안고 도박에 손을 댔다 대박 대신 쪽박을 찬 사람들, 부동산만 믿고 무리해서 아파트를 구입했다가 집값 하락에 월급의 절반을 대출금 이자로 내야 하는 하우스 푸어들은 돈에 대한 맹신이 불러온 안타까운 사례들이다.

김찬호 교수는 우리가 '화폐 환상을 가지고 있다'고 말한다. 그의 생각을 읽다 보면 손익 계산이 얼마나 논리적이지 않고 엉뚱한지를 알게 된다. 예를 들면 이런 것이다. 직장에서 보너스를 받는다고 가정해 보자. 다른 직원들은 모두 100만 원을 받고 나만 90만 원을 받는 상황과 다른 직원들은 모두 70만 원을 받고 나만 80만 원을 받는 상황 중 어느 쪽이 내게 더 이익인가. 당연히 전자가 더 이익이다. 그런데도 우리는 그리 생각하지 않는다. 후자가 더 기분 좋다고 느낀다.

모두가 얻는 이익, 모두가 입는 손해는 이익이나 손해로 치지 않는다. 반면 나만 손해를 입거나, 나만 이득이 되는 경우는 다르다. 이익인데 손해라고 억울해하고, 손해인데 이익이라고 착각한다. 우리 스스로 숫자의 덫에 걸려 있는 것이다. 바로 상대적 평가에 익숙해져 있기 때문이다.

환상은 행복에도 똑같이 적용된다. 내가 생각하는 행복의 기준보다 남이 바라봐 주는 행복의 기준에 더욱 집착한다. 내가 특정 자동차를, 특정 아파트를 소유함으로써 다른 사람이 나를 얼마나 부러워하는가에 따라 행복의 정도가 달라진다. '나는 행복한가?'와 '나는 행복하게 보이는가?'의 차이는 멀고도 멀다는 사실을 알아야 한다.

돈으로 환산할 수 없는 가치

최근 지인이 보낸 카톡의 내용을 보고 기겁한 적이 있다. '나의 몸값은 얼마일까요?'라는 문자와 함께 계산 방식이 나와 있었다. 한편으로는 호기심이 생겨 계산을 해볼까 하다 그만두었다. 나의 몸이 값으로 매겨진다는 자체가 기분 좋은 일도 아니고, 만약 했다가 형편없이 나오기라도 하면 그 뒷감당을 할 자신이 없었다. 실제로 제2차 세계대전 당시 나치의 한 연구소에서 사람의 몸을 원소별로 분해를 해봤단다. 그랬더니 현재 가격으로 쳐서 약 3,300원의 가치가 있었다고 한다. 물론 그 가격에는 인격적, 정신적 가치는 포함되지 않았다.

역사적으로 노예 시장을 비롯해 장기 밀매 시장, 성을 팔고 사는 시장 등에서 사람에게 값을 매긴 사례가 없었던 것은 아니다. 광범위하게 보면 현대의 스포츠 스타와 배우들은 각자의 기량과 예술성을, 전문가들은 프로페셔널한 능력을, 서비스업 종사자들은 각 부문별 특화된 용역을 판다. 뭐든 팔아야 하는 시대이긴 하다. 그렇다고 사람을 값으로만 측정한다면 상품과 뭐가 다를까. 아무리 생각해도 이건 아니다.

얼마 전 신도시의 한 모델 하우스를 방문했다. 점심을 배불리 먹은 뒤라 순전히 소화 좀 시켜 보려는 취지였다. 많은 사람들로 북적거리는 실내를 보며 '부동산, 살아 있네' 싶었다. 장난감처럼 만들어진 신도시 모형에는 수십 층 높이의 아파트와 빌딩들이 빼곡했다. 사람이 사는 동네라기보다는 꼭 빌딩들이 모여 사는 곳 같았다. 곧 한 직원이 다가와 거의 찬양에 가까운 열변을 토해 냈다. 향후 서울까지 25분 만에 주파하는 고속 전철이 연결되는 곳이고, 골프장이 가까이 있고, 무슨 무슨 기관이 들어서고, 최첨단 시스템을 완벽하게 갖춘 명품 아파트라면서 이번이 마지막 기회이니 놓치지 말란다.

그녀의 안내를 받으며 이곳저곳을 눈요기했다. 세련되고 반짝거리는 인테리어가 잡지 속 사진처럼 아늑하고 로맨틱하게 보였다. 안내 직원은 '분양이 마감되기 전에 서둘러 가계약부터 체결해야 하니까 백만 원을 송금하라'며 계좌 번호를 적은 명함까지 주었다. 하도 듣기 민망하여 '생각해 보겠다' 하고 그녀가 말하는 '천국 같은 아파트'를 서둘러 빠져나왔다.

가만히 생각해 보았다. '아니, 땅도 아닌 공중에다 금을 그어 놓고 평당 천만 원이 넘는 돈을 지불한다는 게 말이 돼?' 주변을 둘러보았다. 똑같이 찍어 낸 네모난 아파트들과 오만하게 서 있는 빌딩들이 보였다. 자연의 공간, 사람의 공간은 눈에 뜨이지 않았다. 숨이 막힐 것 같았다. 물론 아파트가 나쁘다는 말은 아니다. 돈에 대한 부정적인 생각도 없다. 법정 스님의 '무소유'를 실천할 용기는 더더욱 없다. 하지만 하루하루가 '쩐의 전쟁터'인 시대에 한 번쯤 돈과의 관계를 다시 생각해 볼 필요가 있지 않을까.

돈을 바라보는 관점, 돈에 대한 성찰, 돈에 대한 가치관이 흔들리지 않아야 돈에 속지 않는다. 세상에 돈 싫어하는 사람이 누가 있겠는가. 다만 돈에 대한 맹신과 탐욕의 포로가 되어 정말 중요한 삶의 가치들을 잃고 있지는 않은지 돌아보자는 얘기다. 결코 돈으로 환산할 수 없는 수많은 가치들이 우리 주위에 얼마나 많은가.

11

웃음이
명약이다

—

〈웃음〉

베르나르 베르베르 | 열린책들

구력 10년의 L 사장 얘기다. 주말에 거래처 P 사장과 부부 동반으로 내기 골프를 했단다. 비기녀인 부인이 잘 칠 리 없다. 뒤 땅에 OB는 기본, 집 나간 공 찾는다고 끝까지 우겨 대는 부인을 보고 L 사장은 슬슬 열이 올랐다. 13홀이 지날 때까지 스킨을 하나도 못 먹자 L 사장은 조바심이 났다. '세상에 내 뜻대로 안 되는 게

마누라, 자식 좋은 대학 보내는 것, 골프'라며 부인에게 핀잔까지
줬다. 반면 P 사장은 부인에게 공도 찾아다 주고, 티도 꽂아 주고,
공도 얹어 주면서 세심하게 챙겼다. OB가 나더라도 오히려 '당신
은 폼이 예술이야' 하면서 실수를 덮어 주는 자상함까지 보였다.

남편에게 구박만 받던 L 사장 부인은 그녀가 부럽기만 했다.
게다가 눈치 없이 캐디까지 나서서 P 사장의 자상함을 극찬하자 L
사장 부인은 평정심을 잃어 버렸다. 결국 그늘막에서 사달이 나고
말았다. 갈증 난다는 부인을 본 체 만 체한 L 사장이 밖에서 담배
를 피우고 있을 때, P 사장이 생과일주스를 부인에게 가져온 것이
다. 그 모습을 본 L 사장 부인의 목울대가 떨리기 시작했다. 그 후
의 일이 어떻게 전개되었는지는 밝히지 않겠다. 여하튼 패배의 수
모를 겪은 L 사장 부부는 그날 밤 공동 합의를 했다.

"앞으론 절대 부부 동반 골프는 가지 않는다."

웃음을 숨기고 사는 우리

돈 잃고 기분 좋은 사람이 어디 있겠는가. 내기 골프라고 다
르지 않다. 겉으론 태연한 척해도 속은 부글부글 끓어오른다. 웃
고 즐겨야 할 자리에 불편한 침묵이 흐른다. 이쯤 되면 놀이가 아
니라 전투다. 경쟁의 본색이 놀이에도 적용되는 것이다. 이겨야 비

로소 웃는다. 이기기 전까진 웃어도 웃는 게 아니다.

가만히 보면 우리는 잘 웃지 않는다. 우리에게 웃음은 마치 속 깊은 어딘가에 꽁꽁 숨겨 둔 비밀문서 같다. 물론 영업용 웃음도 있고, 선거용 웃음도 있고, 칼을 문 웃음도 있다. 하지만 삶이 팍팍하고 고독할 때나, 긴장과 위기, 절망과 분노 속에서도 지을 수 있는 웃음은 흔하지 않다.

베르나르 베르베르의《웃음》은 유머의 생산과 유통을 중심 소재로 그려 낸 미스터리 소설이다. 한 유명한 코미디언이 분장실에서 돌연 죽음을 맞는다. 분장실은 안쪽에서 잠겨 있었고, 누군가 침입한 흔적도 없다. 유일한 단서는 그가 죽기 전에 폭소를 터뜨렸다는 것이다. 그는 왜 죽었을까? 무엇을 보았고 얼마나 웃겼기에 죽음에까지 이르렀을까? 경찰은 과로사로 사건을 종결하지만, 그의 죽음을 둘러싼 의문투성이의 사건들을 추적하는 두 기자의 이야기로 소설은 전개된다. 곳곳에 스탠드업 코미디의 대본과 소설 속 가상의 텍스트인《유머 역사 대전》의 내용들이 배치되어 흥미를 더한다.

베르베르는 자신의 홈페이지를 통해 농담을 공모했는데, 독자들이 보내 준 수천 건의 유머들이 이 책에 힘을 보탰다. 그중 몇 가지를 소개한다.

한 미치광이가 정신 병원 담장에 기어 올라가더니, 호기심 어린 눈으로 행인들을 살피다가 한 남자를 불러서 물었다.

"이봐요, 그 안에 사람들이 많아요?"

— 〈색다른 관점〉 중에서

왜 하느님은 남자를 먼저 창조하시고 여자를 나중에 만드셨을까?

당신의 걸작을 완성하기 전에 습작이 필요했기 때문이다.

— 〈성性들의 전쟁, 그 생생한 현장〉 중에서

2세 때는 똥오줌을 가리는 게 자랑거리.

3세 때는 이가 나는 게 자랑거리.

12세 때는 친구들이 있다는 게 자랑거리.

18세 때는 자동차를 운전할 수 있다는 게 자랑거리.

20세 때는 섹스를 할 수 있다는 게 자랑거리.

35세 때는 돈이 많은 게 자랑거리.

50세 때는 돈이 많은 게 자랑거리.

60세 때는 섹스를 할 수 있다는 게 자랑거리.

70세 때는 자동차를 운전할 수 있다는 게 자랑거리.

75세 때는 친구들이 남아 있다는 게 자랑거리.

80세 때는 이가 남아 있다는 게 자랑거리.

85세 때는 똥오줌을 가리는 게 자랑거리.

- 〈사랑할 땐 언제나 청춘〉 중에서

아내를 싫어하는 남자가 상을 당했다. 아내가 갑자기 세상을 떠난 것이다. 장례를 치르고 아내의 무덤 앞에서 마지막으로 예를 갖추는데, 지나가던 사람이 물었다.

"평안히 잠들게 되신 분이 누군가요?"

그러자 남자가 대답했다.

"바로 접니다. 이제 혼자 살게 되었거든요."

- 그리스 유머

스릴러지만 소설 전반에 작가의 독특한 상상력과 함께 웃음에 대한 철학이 농담처럼 깔려 있다. 읽다 보면 손에 땀을 쥐기보다 자꾸 킥킥거리게 된다. 베르베르가 우리에게 주는 선물이다.

유머는 때와 장소에 맞게

H 사장이 《웃음》을 읽고 재미있는 유머 몇 가지를 적어 놓

왔단다. 때마침 부부 동반 모임이 있어 주목도 끌 겸 선택한 유머가 하필이면 위의 그리스 유머였다. 썰렁해지는 분위기를 어찌하나. H사장은 당장이라도 찍어 내릴 듯한 부인들의 도끼눈을 피하느라 모임 내내 고개를 숙여야만 했다. 분위기를 바꿔 보려는 당초 목적 외에 그는 아무것도 얻지 못했다. 청량제가 되어야 할 유머가 독극물이 된 사례다.

때와 장소에 맞는 고품격 유머를 말하기란 쉽지 않다. 유머는 단순히 우스갯소리가 아니다. 삶에 대한 여유와 기쁨, 깊은 성찰이 배어 있어야 제대로 된 유머가 나온다. 누구나 기발하고 야하면서도 천박하지 않으며 여운이 오래 남는 유머를 하고 싶어 한다. 이어령 교수의 말마따나 '유머는 정신적인 여유, 인생을 대하는 너그러운 태도까지를 포함하는 말'이다. 내기 골프에서 좀 처진다고 옆 사람을 타박하는 자세로는 유머가 나올 턱이 없다.

링컨이 상원 의원에 출마했을 때 상대 후보가 두 얼굴을 가진 이중인격자라고 몰아붙였다. 링컨은 "내가 두 개의 얼굴을 가지고 있다면 오늘 같은 중요한 자리에 왜 이런 얼굴로 나왔겠느냐?"며 맞받아쳤다. 윈스턴 처칠은 선거전에서 상대 후보가 늦잠 자는 게으름뱅이라고 공격하자, "당신도 나같이 예쁜 마누라를 가졌다면 일찍 일어나기 어렵지 않겠느냐?"고 반문했다. 두 사람 모두 유머로 분위기를 반전시키며 존경받는 정치인으로 성공했다. 이처럼 유머는 상대방의 공격 의지를 보기 좋게 꺾기도 하고, 청중의 마음을 한순간에 바꾸어 버리기도 한다.

옴베르토 에코는 '맞습니다'라는 말을 피할 수 있는 방법을 그의 책《세상의 바보들에게 웃으면서 화내는 방법》에서 아래와 같이 풀어냈다. 괄호 안의 말들이 '맞습니다'를 대체하는 말들이다.

"실례지만 여기가 가리발디 광장 맞습니까?" (네.)

"여보세요, 마리오 로시 선생님 댁인가요?" (누구시지요?)

"뭐라구요? 의사 선생님, 제가 에이즈라구요?" (정말 가슴 아프지만 사실입니다. 미안합니다.)

"아니, 자기 팬티 안 입었잖아!" (그걸 이제 알아차렸어?)

"당신이 10억짜리 부도 수표에 서명하고 나를 보증인으로 세운 거 아니야?" (당신의 예리한 통찰력에 감탄하지 않을 수 없군요.)

"너희들, 나를 지금 바보 취급하는 거야?" (그야말로 정곡을 찌르는군.)

한편 "어떠한 일이 있어도 '맞다'라고 대답하지 말라는 것인가?"라는 독자들의 물음에 에코는 말한다. "맞다." 에코의 해학과 익살이 돋보이는 이 책은 세상에 대한 경쾌하고 따뜻한 시선이 느껴지는 책이다. 읽고 나면 찌르기도 하고 어르기도 하는 에코의 유머 감각이 참 부러워진다.

유머의 본질은 인간애

최고 경영자의 덕목으로 유머가 꼽힌 지는 오래되었다. 그만큼 유머는 리더십의 필수 조건이다. 직원들과 소통하는 도구이자, 때로는 갈등을 해소하는 윤활유이기 때문이다. 그래선지 신문의 〈오늘의 유머〉를 챙기거나 신종 유머를 부지런히 검색하고, 기발한 얘기는 수첩에 빼곡히 적는 CEO들을 자주 본다. 그들은 유머의 힘을 안다.

작가 전시륜은 《어느 무명 철학자의 유쾌한 행복론》에서 인생을 유람선 타는 데 비유했다. "저마다 어느 때 어느 곳에서 배를 타는 우리들, 배를 타고 가면서 변하는 풍경을 즐기고, 새로운 항구에서 새로운 승객을 맞는다. 선상에서 친구도 사귀고, 노름을 하면서 돈도 잃고, 술도 마시고, 춤도 춘다. 배가 유유히 지나갈 때마다 일어나는 거품 속에서 우리는 슬픔도 괴로움도 다 잊는다. 그러나 때가 되면 새로운 승객을 위해 우리는 하선을 해야 한다. 약속된 일정이 끝났기 때문이다. 아! 얼마나 아름다운 유람이었나.

이 유람에서 제일 고마웠던 일은 누군가 나에게 공짜표를 거저 주었다는 것이다. 이것이 인생이 아닐까" 하며 제발 유람을 즐기라고 말한다. 배움도, 결혼도, 성공도, 실패도, 내기 골프도 우리가 인생이라는 배 위에서 겪는 크고 작은 이벤트라면, 이왕이면 즐거운 유람이 되는 것이 좋다.

유머의 본질은 인간애다. 인간애가 무르익고 숙성되어 향 좋고 맛 좋은 언어로 빚어지는 것이 유머다. 유머는 인생에 대한 관조의 자세에서 우러나와야 한다. 그래야 부부 동반 모임에서 제 발등 안 찍는다.

커피 전문점을 하는 J 사장은 애서가다. 그는 서점 앞을 그냥 지나치지 못한다. 일단 들어가면 양쪽 옆구리가 버거울 정도로 책을 꺼안고 나와야 직성이 풀린다. 수많은 책들이 진열된 통로를 지날 때면 책들이 '날 좀 보소, 날 좀 보소' 하는 것 같아 기분이 좋단다. 한 권 꺼내 들고 거죽을 살펴본 다음 첫 페이지를 넘기면 마

치 비밀의 문이 열리는 듯해 온몸에 소름이 돋는다고 한다. 수많은 지식과 지혜들이 손끝을 통해 온몸으로 빨려 드는 느낌이라는 그는 책을 볼 때가 가장 맑은 정신이라고 말한다.

헌책방은 그가 자주 들르는 장소다. 운이 좋으면 오래전 품절된 귀한 책을 입양할 수 있기 때문이다. 요즘엔 서점이 많이 줄어들어 주로 인터넷 서점을 이용한다. 구매 실적이 좋아 플래티넘 고객으로 우대받는다.

부작용도 만만치 않다. 집 안의 책장과 선반은 이미 과포화 상태다. 방 안 구석구석 벽돌처럼 쌓이는 책 더미들의 키가 점점 높아지고, 급기야 침대 머리맡까지 책들이 점령했다. 그러자 부인이 날이 선 경고를 했다. '앞으로 책은 절대 사들이지 말 것!' 지적 호기심과 넘치는 구매 욕구를 차단당한 그는 다시 책 한 권을 주문했다. 부인 몰래 집에 책을 가져가는 방법이 나와 있는 책이었다.

한서 이불과 논어 병풍

1795년 4월 정조는 특명을 내린다.

"고 이덕무의 학식과 능력이 아직까지 잊히지 않는다. 이광규를 검서관檢書官으로 특별히 임명하여 그의 유고집을 간행하도록 하라."

규장각 초대 검서관이었던 이덕무가 세상을 뜬 지 2년 만의 일이다. 정조는 이덕무의 책 읽는 소리를 좋아했다. 임금 앞이라 주눅이 들어 책 읽는 소리가 작아지면 크게 읽으라고 주문하기도 했다. 평소 아끼던 이덕무가 세상을 뜨자, 그의 학식과 능력을 기릴 《아정유고雅亭遺稿》라는 유고 문집을 펴내게 한 것이다.

이덕무는 박지원, 박제가, 유득공 등 연암 서클의 핵심 멤버로 박학다식하고 시와 문장이 뛰어난 문인이었다. 서얼 신분으로 출셋길이 막혀 평생 가난을 벗어나지 못하던 그가 규장각 검서관으로 임명되면서 처음 벼슬길에 오른 것은 나이 마흔이 되던 때였다. 독서를 인생 최고의 가치로 생각했던 이덕무에게 규장각 검서관은 최고의 보직이었다. 읽고 싶은 책을 언제나 얼마든지 읽을 수 있으니, 이런 특혜가 어디 있겠는가. 스스로를 '간서치看書痴', 즉 '책만 보는 바보'라 했던 이덕무. 어디에도 낄 수 없었던 반쪽 양반으로 가난과 차별 속에서 고뇌했던 그에게 책은 세상과 소통할 유일한 창이었을 것이다.

이덕무는 못 말리는 책벌레였다. 하루도 손에서 책을 놓지 않았다. 좁은 방에 난 세 개의 창인 동창, 남창, 서창의 방향에 따라 햇빛을 쫓아가며 책을 읽었다. 눈병에 걸려 눈을 뜰 수 없을 지경에도 책을 읽었다. 열 손가락이 동상에 걸려 부어 터졌어도 책을 빌려 달라고 편지를 썼던 그였다. 그렇게 읽은 책이 수만 권, 베껴 쓴 책도 수백 권에 이르렀다.

가난은 이덕무에게 견디기 힘든 고통이었다. 한겨울 습기가 배어 나온 그의 집은 얼음벽이 되었다. 물이 담긴 그릇을 엎기라도 하면 방바닥은 그대로 얼음판이 되었다. 홑이불 한 장으로 긴긴 밤을 보내야 했다.

그 겨울 어느 날, 이덕무에게《한서漢書》한 질이 들어왔다. 그는 책을 펼쳐 이불 위에 죽 늘어놓고는 조심스럽게 이불 속에 몸을 뉘었다. 낡고 초라한 이불이 중국의 역사를 디자인한 이불로 변신한 것이다. 그날 밤 그는《한서》덕분에 모처럼 편안한 잠을 잘 수 있었다. 하루는 갈라진 벽의 틈 사이로 칼바람이 들어와 등잔불이 흔들려서 책을 계속 읽을 수가 없게 되었다. 그는 읽고 있던《논어》를 펼쳐 바람막이로 세워 놓고 책을 읽었다고 한다.《한서》가 이불이 되고《논어》가 병풍이 된 사연들이다.

이덕무의 친구들

가난해서 한 꾸러미의 돈도 가질 수 없었던 이덕무는 흉년이 들어 굶주리는 가족들을 보다 못해 그토록 아끼던《맹자》한 질을 내주고 양식을 얻는다. 식구들의 얼굴에는 다시 핏기가 돌았으나, 애틋하고 각별했던 책과의 인연이 끊어진 그의 속은 무너져 내렸다. 책을 팔아 양식을 얻다니! 고개를 들 수 없었던 그는 심란한 마음을 달래려 친구인 유득공을 찾아갔다.

"글쎄, 오늘 맹자께서 양식을 잔뜩 갖다 주시더군. 그동안 내가 당신의 글을 수도 없이 읽은 것이 고마웠던 모양일세."

《맹자》에 대한 이덕무의 애정을 누구보다 잘 알고 있던 유득공은 안타까운 표정을 감추며 화답했다.

"그래요? 그럼 나도 좌 씨에게 술이나 한잔 얻어먹어야겠습니다. 그래도 허물없을 만큼 그의 글을 꽤 읽었지요."

그러더니 책장에서《좌씨춘추左氏春秋》를 들고 나가 술을 사 왔다. 맹자에게 밥을 얻고 좌 씨에게서 술을 받던 날, 두 사람은 마주 보며 껄껄 웃었지만, 책을 떠나보낸 허무함과 쓸쓸함을 지우지는 못했을 것이다. 자신이 애지중지하던 책을 팔아 친구의 아픔을 함께 나누었던 유득공의 마음 씀씀이는 얼마나 아름다운가. 나는 과연 이러한 친구를 가졌는지, 아니면 이러한 친구가 되어 줄 수 있는지 한번쯤 생각해 볼 일이다.

이덕무는 박지원, 박제가, 홍대용, 유득공, 백동수 등의 벗들과 친교를 맺어 평생 우정을 나누었다. 20세 중반이었던 1766년, 지금의 종로 부근으로 이사하면서 이덕무는 백탑파白塔派의 멤버로서 본격적인 교류를 한다. 백탑은 지금의 탑골공원 내에 있는 원각사지 10층 석탑을 가리키는데, 당시 한양의 도시적 풍경을 상징했던 랜드마크이다. 달빛 은은한 백탑 아래서 박지원의 실학과 홍대용의 천문학이, 유득공의 시문과 박제가의 아이디어가 꽃을 피웠다. 18세기 서얼 지식인들이 모여 밤 깊은 줄 모르고 지적 향연을 벌였던 백탑. 그곳에는 무거운 신분의 사슬도, 가난에 대한 슬픔도, 차별에 대한 분노도 없었을 것이다.

책과 사람의 마음이 만나는 통로

이덕무는 마치 책을 읽기 위해 태어난 사람 같다. 그의 독특한 독서 체험을 들어보자.

"나는 책 속에서 소리를 듣는다. 머나먼 북쪽 변방의 매서운 겨울바람 소리, 먼 옛날 가을 귀뚜라미 소리가 책에서 들린다. ……두보의 시를 읽으며 나는 내 핏줄이 떨리는 듯한 귀뚜라미 소리를 새롭게 듣는다. 그 소리를 듣고 있노라면 덩달아 나도 천진해지고 맑아지는 기분이다."

"책 한 권이 이 세상에서 차지하는 공간은 얼마 되지 않을 것이다. 가로 한 뼘 남짓, 세로 두 뼘 가량, 두께는 엄지손가락의 절반쯤이나 될까. 그러나 일단 책을 펼치고 보면 그 속에 담긴 세상은 끝도 없이 넓고 아득했다. 넘실넘실 바다를 건너고, 굽이굽이 산맥을 넘는 기분이었다."

"책을 읽어 좋은 점 네 가지가 있다. 배고플 때 책을 읽으면 소리가 낭랑해져 글에 담긴 이치를 맛보느라 배고픔을 잊을 수 있음이 첫 번째 유익함이요, 추울 때 책을 읽으면 그 기운이 온몸에 퍼져 추위를 잊을 수 있음이 두 번째 유익함이다. 근심과 번뇌가 있을 때 책을 읽으면 온갖 상념이 사라지니 세 번째 유익함이요, 기침을 앓을 때 책을 읽으면 기운이 통해 기침이 멎으니 네 번째 유익함이다."

"예전에 거처하던 집을 '구서재九書齋'라 하였다. '구서'란 책을 읽는 독서讀書, 책을 보는 간서看書, 책을 간직하는 장서藏書, 책의 내용을 뽑아 옮겨 쓰는 초서抄書, 책을 바로잡는 교서校書, 책을 비평하는 평서評書, 책을 쓰는 저서著書, 책을 빌리는 차서借書, 책을 햇볕에 쬐고 바람을 쏘이는 폭서曝書를 말한다. 책과 관련된 모든 것을 그곳에서 하겠다는 젊은 시절의 호기로운 서재 이름이었다."

1793년 1월 25일 이덕무는 쉰세 살의 나이로 세상을 떠났다. 독서를 통해 '서중천속書中千粟(책 속의 천 가지 곡식)'을 간파했던 진정한 호모부커스 이덕무. 청장靑莊이라는 자신의 호처럼 이덕무는 평생 푸른 백로가 날갯짓을 하듯 날마다 방에서 책 속을 누볐다. 수천 년의 세월을 거슬러 올라가기도 하면서 가보지 않은 낯선 곳에 마음껏 발자국을 남겼다. 사람들은 눈으로 책을 읽는다지만, 그는 손을 내저으며 말한다.

"책과 사람의 마음이 만나는 통로가 어찌 눈뿐이겠는가."

독서의 계절은 춘하추동

알렉산더 대왕은 원정 중에도 호메로스의 《일리아드》를 항상 지니고 다니며 읽었고, 나폴레옹은 전쟁터에서조차 책에 빠져 있었다. 스코틀랜드 출신의 가난한 이민자였던 철강왕 카네기 역시 소문난 독서가였다. 그는 토요일이 오면 새 책을 빌려 본다는 생각에 하루하루가 즐거웠다고 자서전에서 털어놓았다. 안중근 의사도 '하루라도 책을 읽지 않으면 입에서 가시가 돋친다'고 했다.

현실을 보자. 술값과 책값을 비교해 보면 금방 답이 나온다. 솔직히 술 사는 데는 너그러우면서 책 사는 데는 인색하기 짝이 없다. 인터넷 시대가 가져온 잘못된 풍조도 한몫 거든다. 검색창이 모든 것을 해결해 준다는 환상에 빠져 있다. 뭔가 잘못되어도 한참 잘못되었다. 책을 읽으면서 우린 사색하고, 상상력을 키우고, 지혜의 집을 짓는다. 책 속에 길이 있다고도 한다. 정말 책 속에 길이 있다. 작은 수고로움으로 큰 깨달음을 얻는 것도 독서를 통해서다.

배달된 새 책을 펼쳐 코를 깊숙이 묻고 향을 깊게 들이마시면 미지의 세계에서 날아온 낯설고 황홀한 냄새가 난다는 J 사장의 고백을 들으며 난 200년 전의 독서가 이덕무를 떠올렸다. 그가 책에서 맡은 묵향은 어떤 향이었을까, 사뭇 궁금해진다. 독서의 계절은 가을이 아니라 춘하추동이다.

13

멀리서
보는 법

—

〈조선의 화가 조희룡〉

이성혜 | 한길아트

"수묵 빛깔로 퇴색해 버린 장지壯紙 도배에 스며드는 묵흔墨痕처럼 어렴풋이 한두 개씩 살이 나타나는 완자창 위로 어쩌면 그리 소담스러우며 희멀건 꽃송이들이 소복素服한 부인네처럼 그렇게도 고요하게 필 수가 있습니까."

저녁이나 같이 하자는 스승의 청에 서슴지 않고 응한 까닭이 스승을 만나는 기쁨보다 성개盛開한 매화를 보기 위함이었다고 근원近園 김용준은 고백한다. 그의 《근원수필近園隨筆》 중 〈매화〉 편에 나오는 글이다.

광양이 고향인 P 사장은 봄이 올락 말락 할 즈음이면 매화 예찬에 입이 바쁘다. 늙고 메마른 고목의 성긴 가지에 피는 희고 붉은 매화를 보노라면 '무릇 꽃은 이래야 한다'는 생각이 든다고 한다. 매화는 다른 꽃들과 달라서 꽃송이에 얼굴을 파묻고 보는 꽃이 아니란다. 매화를 제대로 보려면 그네 타는 춘향이 보듯이 멀찌감치 떨어져 봐야 한단다. 이왕이면 은은한 달빛 아래에서……. 그게 술 없이도 황홀하게 취할 수 있는 방법이란다.

고혹적이고, 기품 있고, 함부로 퍼지지 않는 매화야말로 모든 꽃들의 으뜸이라고 말하는 그에게 매화는 애인이나 다름없다. 술도 매취순만 마신다. 사무실은 물론 아파트 방방마다 매화 그림이다. 뿐만 아니다. 매실 엑기스, 매실로 담근 된장과 고추장 등 매실로 만든 건강식품도 끊이질 않는다. 숙취 해소와 간 기능 활성화에 매실만 한 게 없다나? 뭉게구름 같은 매화가 필 무렵이면 P 사장이 생각난다. 오늘은 어느 매화나무 아래서 암향暗香에 취해 있을까.

평생 매화를 그린 조희룡

"나는 매화에 벽癖이 있다. 스스로 매화를 그린 큰 병풍을 눕는 곳에다 둘렀다. 벼루는 매화시경연梅花詩境硯을 사용하고, 먹은 매화서옥장연梅花書屋藏烟을 쓴다. 매화 시 백 수를 읊어 시가 이루어지면 거처하는 곳에 매화백영루梅花百詠樓라고 편액하여 내가 매화 좋아하는 뜻을 즐겁게 이루려고 하나 잠깐 사이에 이룰 수는 없다. 읊조리다 목마르면 매화편다梅花片茶 차를 마셔서 목을 적신다."

둘러싸고 있는 모든 것들이 매화와 관련된 것이다. 평생 그림 속에서 매화를 보았다는 19세기 문인 화가 우봉又峯 조희룡의 말이다.

조희룡은 머리가 둥글고, 얼굴은 각이 졌으며, 두 눈은 가늘고, 수염이 성긴 180센티미터의 장신이었다. 입은 옷조차 버거울 정도로 허약해서 오래 산다는 것은 생각지도 못했다. 그의 나이 열네 살에 혼담이 있었으나, 몸이 부실하다는 이유로 파혼을 당했다. 조희룡을 내친 여인은 시집간 지 얼마 되지 않아 남편이 세상을 떠나는 바람에 과부가 되었다. 그에 반해 조희룡은 일흔이 넘도록 살았다. 사람은 겉만 보고 판단할 일이 아니다. 조희룡은 자신의 장수에 대해 이처럼 말했다.

"난초를 그리는 것이 비록 작은 재주이지만, 성령을 즐겁게 기를 수 있다. 밝은 창, 깨끗한 책상에 옛 벼루와 옛 먹을 사용하여 눈빛같이 흰 종이 위에 손 가는 대로 짙은 잎과 담박한 꽃을 끄집어내어 인천人天의 안목을 이루면 육기六氣가 그로 인해 맑아진다. 어찌 병만을 물리칠 뿐이겠는가! 수명도 늘릴 수 있다."

　　"향은 사람을 그윽하게 하고, 술은 사람을 원대하게 하고, 돌은 사람을 빼어나게 하고, 거문고는 사람을 고요하게 하고, 차는 사람을 상쾌하게 하고, 대나무는 사람을 차갑게 하고, 달은 사람을 외롭게 하고, 바둑은 사람을 한가하게 하고, 지팡이는 사람을 가볍게 하고, 미인은 사람을 가련하게 하며, 승려는 사람을 담박하게 하고, 꽃은 사람을 운치 있게 하고, 금석정이金石鼎彝는 사람을 예스럽게 하는데, 매화와 난은 거기에 들지 않았다. 옛사람들이 어찌 애지중지할 줄 몰랐으리오마는 평범한 꽃에 운치를 비교할 수 없고, 특히 한 글자로써 적당히 표현할 수 없으므로 거기서 빠뜨린 것이다. 나는 한 글자를 뽑아내어 그것에 해당시키기를 수壽라고 한다. '수'라는 글자의 뜻을 눈을 감고 한번 생각해 보라."

　　말인즉 난초와 매화의 맑고 깨끗한 기운이 병을 몰아내 수명이 늘었다는 뜻이다. 여자에게 퇴짜를 당할 만큼 몸이 약했던 조희룡이 장수한 이유를 스스로 밝힌 대목이다. 그림을 그리느라 세속의 욕심에서 멀어졌고, 그림 속 매화나 난의 청정한 기운이 온몸에 스며들어 오래 살게 되었다는 것이다. 과연 매화 마니아답다.

〈홍매대련〉과 〈매화서옥도〉

조희룡은 조선의 개국 공신인 조준의 15대 손으로 18세기 말에 태어났다. 병과 출신임에도 그는 시, 서는 물론이고 매, 난, 죽, 산수 등 그림에도 뛰어났다. 조희룡의 글과 그림을 아끼던 헌종은 58세인 그에게 반년 동안 금강산을 답사하며 그림을 그리고 시를 지어 올리라고까지 했다.

조희룡이 활동하던 19세기는 정조의 문체반정文體反正 이후 비지배층 문인들을 중심으로 소품체小品體의 문풍이 불었던 시기다. 소품체는 짧고, 간결하고, 자유롭고, 직접적인 표현이 특징이다. 설명이 길고, 은유적이고, 정형화된 기존 문체를 완전히 해체한 새로운 시도였다. 언어가 압축되고, 형식이 깨졌다. 정조는 소품체를 경박하고, 가냘프며, 난잡하고, 기교만 부린 문체라며 금서령을 내렸다. 박지원의 《열하일기熱河日記》가 불온서적으로 지목당한 이유도 소품체였기 때문이다.

조희룡의 작품 또한 모두 소품체다. 이성혜 박사는 저서《조선의 화가 조희룡》에서 내뱉듯이 툭 던지는 말로 시작해 뭔가 말할 시점에서 뚝 그쳐 버리는 조희룡의 글은 불가의 화두 같다고 말한다. 해학적이고 익살스러우면서도 그 내면에는 찌르는 침이 있다고 설명한다. 조희룡 글의 힘이다. 다음의 예문을 보자.

"평생토록 가슴을 털어놓을 이는 한정이 있어서 경솔하게 허락하지 아니하지만, 매화와 교분을 맺은 뒤로는 허락하지 않을 수 없다. 도리어 매화가 허락해 주지 않을까 두려워 관성자管城子(붓)를 매개로 삼을까 한다."

조희룡의 대표적인 매화 그림은 〈홍매대련紅梅對聯〉과 〈매화서옥도梅花書屋圖〉이다. 〈홍매대련〉은 용처럼 승천하는 듯한 나무의 등걸 위에 분분하게 날리는 붉은 매화 꽃잎을 그렸다. 〈매화서옥도〉는 매화를 아내 삼고 학을 아들 삼아 평생을 은거했다는 송나라 임포의 고사를 소재로 하였다. 깊은 산속 매화 꽃잎이 휘날리는 외딴집 안에 홀로 책을 읽고 있는 선비의 모습을 그렸다. 〈매화서옥도〉는 격렬함과 고요함이 공존하는, 조희룡의 수작 중의 하나이다.

19세기 전반기 예림藝林의 총수는 추사 김정희였다. 추사의 예술적 이상을 훌륭하게 구현한 화가가 조희룡이다. 당시 완당 클럽인 벽오사碧梧社의 중심인물이었던 조희룡은 추사의 심복이라는 이유로 안동 김 씨의 세도에 밀려, 왕실 전례 문제에 연루된 혐의를 받고 신안군 임자도에서 3년간 귀양살이를 하기도 했다.

조희룡의 삶은 그림 속에서 시를 짓고, 시 속에서 그림을 그리는 문인 화가의 인생이었다. 예술에 대한 자신의 광적인 열정을 그는 다음과 같이 말했다.

"돌을 찍어 먹을 수 있나? 글자를 달여 먹을 수 있나? 그림으로 배가 불러지나? 종이를 대하면 그림의 기운이 배에 그득하고 불룩하여 밥 먹는 것을 잊어버리니, 그림이 배부르게 하는 게 분명하다. 그러니 돌을 찍어 먹거나 글자를 달여 먹는 이치인들 없겠는가?"

달빛에 나비처럼 휘날리는 매화 꽃잎

매화를 무척 좋아했던 퇴계 이황은 섣달 초순에 세상을 떠났다. 눈을 감기 전 기르던 분매盆梅에 '물을 주라'는 유언을 남겼다고 한다.《매화시첩》이 따로 있을 정도로 매화에 대한 퇴계의 애정은 각별했다.

조선 시대 선비들 사이에서는 '구구소한도九九消寒圖' 그리기가 유행했다. 백매화 81개를 그려 두고 동지 다음 날부터 81일간 하루 한 개씩 홍매화로 채색하며 봄을 기다렸다. 구구가 되는 날에 소한도를 떼고 창문을 열면 뜰 앞에 매화가 만발했다고 한다.

봄이 몸을 풀 무렵 어스름한 달빛에 눈처럼 나비처럼 휘날리는 매화 꽃잎을 보고 있으면 누구나 시인이 되고 화가가 된다. 매화를 끔찍이 좋아했던 퇴계도, 구구소한도를 그렸던 선비들도, 매화를 사랑해 백발이 되어 버린 화가 조희룡도, 매화를 멀리서 보는 법을 터득한 P 사장도 해마다 매화의 자태에 넋을 잃었으리라. 봄날엔 묻지도 따지지도 말고 무조건 매화 보러 가자. 우리는 해마다 매화를 기다리지만, 매화는 우리를 기다려 주지 않는다. 더불어 송나라의 시인 임포의 〈산 뜨락의 작은 매화山園小梅〉를 옮겨 놓는다.

衆芳搖落獨暄姸 온갖 꽃 진 후에도 홀로 곱게 피어
占盡風情向小園 작은 동산을 향한 풍정을 모두 차지하네
疏影橫斜水淸淺 성긴 그림자 맑고 얕은 물 위에 비스듬히 드
리우고
暗香浮動月黃昏 은은한 향은 달빛 서린 황혼 녘을 떠도네
霜禽欲下先偸眼 겨울새가 앉으려고 눈길 슬쩍 둘러보고
粉蝶如知合斷魂 흰나비가 그 꼴을 안다면 넋을 놓고 말리라

幸有微吟可相狎 다행히 시 읊조리며 친할 수가 있으니

不須檀板共金尊 악기도 술잔도 필요 없다네

Comodoro Rivadavia

REPUBLICA ARGENTINA

Río Gallegos

$ 0.25
+ 0.25

Antoine de Saint – Exupéry
(1900 – 1944)

ICA ARGENTINA

직업이 은행원이다 보니 중소기업 CEO들을 만날 기회가 많

다. 젊고 열정에 찬 창업 신세대부터 경력과 규모를 자랑하는 노

련한 CEO에 이르기까지 나이도, 업종도, 경영 마인드도 다양하다.

그들의 얘기를 듣고 있으면 한 가지 공통점을 발견한다. 가능성을

믿는 것이다. 그들에겐 회사 설립과 성장에 대한 자신감, 기술 개

발과 투자에 대한 열정, 인력 운용과 회사의 미래에 대한 굳은 확신이 있다. 오늘의 그들을 있게 한 것은 물려받은 공장도 아니고, 운칠기삼運七技三도 아니다. 자신이 쌓은 벽돌 하나가, 자신이 개발한 제품 하나가 세상을 바꿀 수 있다는 믿음이다.

무거운 납덩어리 같은 책임을 지고 가는 길이 그들에게는 무척 고달프고 외로울 것이다. 그렇다고 그들의 걸음을 멈추게 할수는 없다. 사방에서 악재의 바람이 거세게 불어와도 그들의 의지를 꺾지는 못한다. 꺾이지 않는다. 그들은 멈출 때까지 멈추지 않기 때문이다. 전쟁에서 이긴 자만이 영웅이 아니다. 모두가 잠든 밤에 가능성과 도전의 불을 밝히고 완성을 향해 홀로 길을 걷는 사람들. 나는 그들을 이 시대의 위대한 영웅들이라 부르고 싶다.

지구별에서 사라진 생텍쥐페리

1944년 7월 31일 비행기 조종사였던 앙투안 드 생텍쥐페리는 지중해 상공을 정찰하고 있었다. 그리고 사라졌다. 그의 시신이나 격추된 비행기 잔해를 본 사람은 아무도 없었다. 그날 지중해 상공은 출정 금지 명령이 내려진 상태였다. 이미 수차례 죽을 고비를 넘긴 그였다. 지정 항로를 벗어난 저공비행이 그에게는 대수롭지 않은 일로 여겨졌을 수도 있다. 독일군의 공격을 받고 추락한 것으로 사고는 매듭지어졌으나, 여전히 그의 실종에 대해서는 의문이 남아 있다.

1935년 리비아 사막에 불시착한 생텍쥐페리는 5일 동안 헤매다 기적적으로 살아 돌아온다. 《인간의 대지》는 그 경험을 바탕으로 쓴 철학적이고 서사적인 이야기다. 풀 한 포기 보이지 않는 황량한 사막에서 끝까지 놓지 않은 삶의 가능성을 그는 별처럼 반짝이는 언어로 풀어내고 있다.

"나에게 있어 삶의 기쁨이란 그 향기롭고 뜨거운 음료의 첫 한 모금 속에, 우유와 커피 그리고 밀이 뒤범벅된 혼합물 속에 압축되어 있다. 그것을 통해 우리는 평온한 목장, 이국적인 농장, 수확물 등과 일체감을 느끼고, 그리하여 온 대지와 하나가 되는 것이다. 그 많은 별들 가운데 우리 손이 미치는 범위에 존재하고, 새벽 식사로 맛있는 냄새가 나는 밥 한 그릇을 차려 주는 별은 오직 하나, 지구뿐이다."

안데스 산맥을 횡단하다 50시간이나 실종되었던 친구 기요메의 기적 같은 이야기를 전하며 그는 인생의 대차대조표에서 부富를 이루는 유일한 것은 인간관계라고 말한다. 아무런 장비도 없이 4,500미터의 빙산을 오른 기요메. 영하 40도의 추위 속에서 피투성이의 몸으로 걷고 또 걸었던 기요메에게 살길은 오로지 '한 걸음을 내딛는 것'이었다. 그렇게 한 걸음, 또 한 걸음을 걸어 살아 돌아온 친구를 품에 안으며 생텍쥐페리는 인간의 위대함을 이야기한다.

"인간이 된다는 것, 그것은 바로 책임을 지는 것이다. 그것은 자신과 관계없는 것처럼 보이는 비참함 앞에 부끄러움을 아는 일이다. 그것은 동료들이 거둔 승리를 자랑스럽게 여기는 일이다. 그것은 자신의 돌멩이 하나를 놓으면서 세계를 건설하는 데 일조한다는 것을 느끼는 일이다."

물질적인 부를 누리기 위해 스스로 감옥을 지어 그 안으로 들어가는 우리는 생텍쥐페리의 말처럼 고독한 죄인이다. 돈으로 살 수 없는 것들이 얼마나 많은가? 물질의 현혹에 빠져 놓치고 있는 삶의 가치들이 얼마나 많은가? 보이지 않는 자산과 부채들, 숫자로 환산되지 않는 이익과 비용들을 우리는 잊고 산다. 진정한 부란 시련으로 함께 맺어진 친구와의 우정처럼 돈을 주고 살 수 없다. 사막에 불시착한 몇 번의 경험들을 그는 어떻게 회상하고 있는가.

"나는 고독을 알았다. 사막에서의 3년은 내게 고독의 맛을 톡톡히 가르쳐 주었다. 거기서는 광물의 풍경 속에서 마모되는 젊음이 조금도 두렵지 않았다. 오히려 온 세상이 자신으로부터 멀리 떨어져 늙어 가는 것 같았다. 나무는 열매를 맺었고, 대지는 밀을 밀어올렸고, 여자들은 벌써부터 아름다웠다. 하지만 계절은 흘러가니 서둘러 돌아가야 할 것이다."

"우리는 사막을 사랑했다. …… 사막이 일견 공허와 침묵일 뿐이라고 느껴지는 것은 하루살이 애인에게는 자신을 내맡기지 않기 때문이다. …… 사막에 이르는 일. 그것은 오아시스를 찾는 일이 아니라, 샘 그 자체를 우리의 종교로 만드는 일이다."

가능성을 포기하지 않는 힘

생텍쥐페리는 실제로 불시착한 비행기를 구출하고 사막의 무어인들과 싸우고 협상하면서 사막의 법칙을 알게 된다. 《인간의 대지》는 전반부에서 비행을 하며 주인공이 겪었던 체험들을 섬세하게 그리고 있다. 후반부는 사막에 비행기가 불시착한 후 사막 한가운데서 길을 잃은 주인공과 그의 동료 프레보의 이야기가 주를 이룬다.

그들은 살아 있다는 사실이 믿기지 않는다. 남아 있는 것이라고는 커피 반 리터와 포도주 4분의 1리터, 포도 몇 송이와 오렌지 한 개뿐이다. 몇 시간이 지나면 모두 동이 날 것들이다. 단번에 죽지 못하고 굶어 죽어야 할 운명을 한탄하는 동료를 보며 그는 희망을 붙잡는다. 황량한 사막, 폭염과 추위, 굶주림과 갈증, 침묵이 주는 공포, 비적 떼의 위협이 도사리고 있는 사막에서 생텍쥐페리의 유일한 구원은 '가능성을 포기하지 않는 것'이었으리라.

"그렇게 빨리 단념할 필요는 없다. …… 아무리 희박한 것일지라도 가능성을 간과해서는 안 된다. 누군가의 비행길에 기적적으로 구조될 수 있으리라는 가능성을. 또한 근처에 있을지도 모를 오아시스를 놓치는 것도 안 될 일이다."

《인간의 대지》에는 훗날 《어린 왕자》를 구성하는 소재들이 등장하는데, 사막 여우도 그중 하나다. 새벽녘 사막 여우의 굴을 발견한 그가 말을 건다.

"내 작은 여우야, 나는 지금 절망적이란다. 그런데 이상하기도 하지. 절망적인데도 네가 어떤 성격일지 관심이 생기니 말이야."

프레보가 비행기 파편 속에서 오렌지 하나를 발견하면서 그들은 한없이 행복해진다. 어둠을 밝히는 불 옆에 누워 생텍쥐페리가 오렌지를 바라보며 던지는 말이다.

"사람들은 오렌지 한 개가 어떤 의미인지 알지 못해. …… 우리는 사형 선고를 받았어. 그렇다고 이 확실한 사실 때문에 내 즐거움이 없어지는 건 아니야. 내 손에 쥐고 있는 이 오렌지 반쪽이 내 생애 가장 큰 기쁨 중 하나를 가져다주거든. …… 우리가 살고 있는 세상의 이치란 것은 그 속에 갇혀 보지 않고서는 짐작도 할 수 없는 것이지."

"나는 아무것도 희망하지 않는다. 나는 모든 것을 걸었고, 모든 것을 잃었다. 이것이 내 직업의 생리다. 어쨌든 나는 바닷바람을 원 없이 들이마셨다. …… 위험하게 산다는 것은 문제가 아니다. 그런 말은 뽐내고 싶을 때나 쓰는 말이다. …… 내가 좋아하는 것은 위험이 아니다. 나는 내가 무엇을 좋아하는지 잘 안다. 그것은 바로 생명이다."

절망의 밑바닥에서 생텍쥐페리는 희망을 끌어 올렸다. 사형 수가 가진 담배 한 개비의 의미를 깨닫고 관점을 바꾸어 진리에 다가섰다. 공포의 대상이었던 베두인 족이 그들을 구해 주었을 때 생텍쥐페리는 세상에 적은 한 명도 없다는 것을 깨달았다. 그는 공동의 목적을 가진 동료에 대해 이렇게 정의를 내린다.

"사랑한다는 것은 서로가 서로를 바라보는 것이 아니라, 같은 방향을 바라보는 것임. 동료란 도달해야 할 같은 정상을 향하여 한 줄에 묶여 있을 때에만 동료이다."

《인간의 대지》를 읽다 보면 자꾸 밑줄을 긋게 된다. 생텍쥐페리의 사유의 흔적과 철학의 깊이를 느낄 만한 문구들이 풍부하기 때문이다. 삶, 진리, 직업, 동료, 생명, 관계, 자연에 대한 그의 자세가 한 편의 시처럼 다가온다. 죽음에 관한 그의 말은 그래서 다정하기까지 하다.

"우리가 우리의 역할을 자각할 때, 아무리 하찮은 역할일지라도 그 역할을 깨달을 때, 그때에만 우리는 행복할 수 있다. 그때에만 우리는 평화롭게 살고 평화롭게 죽을 수 있다. 왜냐하면 삶에 의미를 주는 것은 죽음에도 의미를 주니까."

희망은 포기하는 자를 돕지 않는다

부실과 도산으로 벼랑 끝까지 내몰리는 CEO들. 그들도 사막에 홀로 떨어진 생텍쥐페리처럼 위험하고 고독한 경험들을 수없이 겪었을 것이다. 물이 동나듯 자금이 마르고, 사막을 헤매듯 자금줄을 찾아보지만, 비애와 허탈감으로 술병을 비운 밤도 셀 수 없을 것이다. 재난과 화재로 모든 것을 잃은 이들, 믿었던 동료의 배신으로 하루아침에 신용 불량자가 되어 버린 이들, 이제 좀 회사 형편이 펴지는가 싶더니 갑작스런 병마에 고통받는 이들, 희망조차 사치라고 생각하는 이들은 또 얼마나 많은가.

돌아오자. 희망은 포기하는 자를 도와주지 않는다. 절망이 부르는 소리에 현혹되지 말자. 더 이상 잃을 것이 없다면 이젠 살 수 있다는 희망이다. 창업 초기의 자신감을 회복하고 훼손된 패기를 복원하자. 어딘가 오렌지 하나 같은 친구가 있고, 베두인 족 같은 도움의 손길이 있을 것이다. 산등성이에 쌓인 눈도 봄이 오면 녹는다. 절망하기엔 우리의 가슴이 너무 뜨겁지 않은가. 돌아오라. 어서 돌아와 가능성의 불을 지피자.

15

커피의
세계사

〈커피가 돌고 세계사가 돌고〉

우스이 류이치로 | 북북서

S 사장 얘기다. '밥 묵자', '아는?', '자자' 하루에 딱 세 마디 말만 한다는 그는 무뚝뚝한 경상도 사나이다. 말도 없고 잘 웃지도 않아서 같이 일하는 직원들이 대하기 어려워하는 CEO다.

어느 날 모처럼 직원들과 점심을 먹고 커피 전문점에 갔단다. 평소 커피 전문점에 가본 일이 없던 그였다. 자리에 앉자 한 여직원이 "사장님, 뭐 드시겠어요?" 하기에 "커피!"라고 대답했다. 그러자 무슨 커피를 마시겠냐고 또 물었다. 그는 근엄한 목소리로 "다방 커피!"라고 했다. 여직원들이 일제히 까르르 웃었다. 순간 뭔가 잘못됐다는 것을 본능적으로 느꼈다. 얼굴이 확 달아올랐다. 수십 가지 음료 이름이 빼곡히 적힌 메뉴판을 보니 더욱 당황스러웠다. 거기에 커피라고 적힌 음료는 없었다. 속으로 '아니, 이게 다 뭐지?'라는 생각이 들었다. 이럴 때 가장 적당한 대답은 '아무거나'다. 결국 그는 '아무거나 커피'를 마셨다.

S 사장의 추억 속 커피는 말 그대로 커피다. 시내 어디 허름한 골목의 지하 다방에서 한 여인과 마시던 진짜 다방 커피 말이다. 커피 향보다 그녀의 긴 머리칼에서 나던 샴푸 향이 더 끌리던 시절, 조명이 은은한 칸막이 다방에서 마셨던 그 커피 말이다. 테이블 한쪽에 설탕 통과 프림 통이 다정히 붙어 있던, LP판 지글대는 음악이 흐르고, 커피 잔을 쥐고 있는 그녀의 손을 잡을까 말까 망설이던 그 다방, 그 커피 말이다.

커피, 유럽으로 퍼지다

하루에 전 세계인이 마시는 커피는 25억 잔, 2011년 한 해 동안 우리나라 사람들이 하루에 마신 커피만 해도 3,700만 잔이다. 이 정도면 세계 최대의 기호 식품이다. 커피의 원산지는 잘 알려진 대로 에티오피아, 커피를 마시기 시작한 것은 지금부터 약 1,000년 전 금욕주의자였던 수피교도들에 의해서다. 알라신을 믿었던 그들에게 커피는 졸음을 쫓아 잠들지 않고 신을 만날 수 있는 혜택의 음료였고, 신성한 밤에 기도를 올리며 도취와 황홀경에 빠지게 하는 흥분제였다. 그들의 종교 의식에는 늘 커피가 놓여 있었고, 각성 작용을 하는 이 음료는 이슬람교를 따르는 무슬림 사회로 점차 퍼져 나갔다.

16세기 중엽 오스만 튀르크 제국의 수도 이스탄불에 두 곳의 '커피의 집'이 만들어진 이후, 그 수는 점점 늘어나 이스탄불에만 600여 곳이 생겼다. 터키어로 커피의 집을 카흐베하네Kahvehane라고 하는데, '신의 성수聖水'인 커피가 급속도로 확산되면서 카흐베하네 산업도 비약적으로 발전한다. 재력 있는 이슬람 거상들과 유럽의 자본가들이 커피 시장에 뛰어들었다. 그들은 모든 사치를 부려 커피의 집을 건축했다. 카이로와 다마스쿠스, 바그다드 등에 프레스코화와 양탄자로 장식한 화려한 카흐베하네가 생기면서 사람들의 이목을 끌었다.

종교계 인사와, 정치인, 학자와 시인들이 자연스럽게 카흐베하네로 모여들면서 커피의 집은 사교와 공론의 장소로 변모했다. 서아시아를 여행하다 호화스러운 카흐베하네를 목격한 유럽인들에 의해 17세기 중엽에는 런던과, 파리, 암스테르담, 빈, 프라하 등지에 카페가 생겨났다. 유럽의 상류층 귀부인들은 검고 낭만적인 액체에 매혹당하며 오리엔트에 대한 몽상에 빠져들었다. 급증하는 커피 수요에 비해 공급은 형편없어 커피 값은 천정부지로 치솟았다.

커피 뒤에 숨겨진 세계사

예멘의 나비수아이브 산은 커피 재배가 처음 시작된 곳이다. 커피나무는 온난하되 서리가 오지 않아야 하고, 연간 1,000~2,000밀리미터의 비가 내리는 지역에서 자란다. 조건을 잘 갖추려면 해발 1,100미터~2,200미터의 고지대가 적당한데, 예멘의 마나하를 중심으로 하는 산기슭이 커피 재배에 최적이었다. 이곳에서 생산된 커피는 모카, 호데이다 등의 항구에서 유럽 각지로 출하되었다. 모카커피는 바로 예멘의 항구 이름에서 따온 것이다. 당시 세계 커피 시장을 독점한 예멘은 커피 농사로 막대한 이익을 챙겨 풍요의 땅이 되었으나, 1517년 오스만 튀르크 제국에 의해 정복당했다.

예멘의 산지에서 생산된 커피의 대부분은 홍해를 건너 이집트 카이로의 창고에 저장되었다. 이때 바다의 역풍, 해류 등에 따라 항해하는 선박의 성패가 갈라졌다. 아무리 천문 지식을 갖춘 아라비아인들도 바다의 악천후에는 속수무책이어서 커피 가격은 가파른 등락을 거듭했다. 커피가 투기 상품이 될 수밖에 없었던 배경이다.

거대한 커피 시장에 뛰어든 카이로의 상인들은 최대의 수익을 내기 위해 고민이 많았을 터이다. 커피의 안전한 수송과 뛰어난 항해술, 카라반과의 인적 네트워크, 커피 하우스에 대한 시설 투자, 중개 수수료를 올리는 방법, 해적을 물리치는 방안, 판로 개척, 유럽 상류층을 위한 마케팅 전략 등으로 잠을 설쳤을 카이로 상인들의 모습이 상상된다.

네덜란드의 동인도 회사는 보다 적극적인 방법으로 커피 교역에 뛰어들었다. 그들은 아라비아 상인들로부터 커피를 사서 파는 것이 아니라, 직접 생산해서 파는 방법을 선택했다. 바타비아(네덜란드 식민지 당시의 자카르타)의 총독이 모카에서 커피 묘목 하나를 들여와 자바에 심은 것이 계기가 되어 네덜란드 동인도 회사의 거대한 수입원이 되었다. 이것이 자바 커피의 탄생이다. 쌀농사를 하던 자바 섬은 순식간에 커피 재배지로 바뀌었고, 대규모 커피 플랜테이션에 투입된 자바 농민의 무보수 노동 덕에 네덜란드의 동인도 회사는 배를 크게 불렸다. 유럽의 화려한 커피 문화는 식민지

토착민들의 참혹한 역사 위에서 만들어진 것이다.

네덜란드가 동인도에서 식민지 커피를 생산했다면 프랑스는 서인도에서 자국의 커피 산업을 뿌리내렸다. 카리브 해 연안의 마르티니크 섬의 한 보병 대위가 우여곡절 끝에 커피나무를 들여와 심은 결과, 막대한 양의 커피가 생산되었다. 모카보다 싼 가격 때문에 다시 서아시아로 역수출되는 진풍경이 벌어졌고, 비싼 예멘 커피에 의지하던 카이로 상인들에게 큰 타격을 주었다. 프랑스의 커피 산업은 성공 가도를 달려 자국의 풍요를 가져왔으나, 역시나 식민지에서 실려 온 흑인 노예들의 혹독한 노동과 처참한 삶의 대가였다.

영국 주부, 커피를 반대하다

1674년 영국의 주부들이 커피에 반대하는 청원을 냈다. 무슨 일일까? 사정인즉 '남자들을 사막처럼 메마르고 쇠약하게 만드는 음료의 과도한 사용으로 그녀들의 섹스에 발생하는 거대한 불편을 공공의 사려에 호소한다'는 것이었다. 커피를 과용하여 몸의 수분이 모두 빠져나가 버리는 바람에 남편들의 활력이 사라져 아내들의 성적 욕구를 충족시켜 주지 못한다는 노골적인 내용이었다. 60세 이하의 모든 성인에게 커피를 금지하고, 대신 맥주나 포도주 등을 허용해 달라는 간원도 덧붙였다. 반대 청원을 정말 여성이 썼는지, 아니면 커피 때문에 상대적으로 손해를 본 주류 업계에서 썼는지 알 수는 없다.

당시 런던의 커피 하우스는 남성들만이 출입할 수 있는 장소였다. 이곳에서 남성들은 다양한 사람들을 만나 새로운 정보를 얻고, 비즈니스와 정치를 논하고, 문학과 예술을 즐겼다. 사람들은 커피 하우스를 '1페니 대학'이라고 불렀는데, 1페니의 커피 값으로 수많은 지식과 정보를 얻게 된 것에서 붙여진 이름이다. 이유야 어찌 되었든 몇 시간이고 커피 하우스에 죽치고 앉아 있는 남편들에 대해 여성들의 불만이 많았던 것은 사실인 듯하다. 이때 커피를 반대하는 여성들의 입장을 고려한 신개념 음료가 출시되어 영국의 모든 가정을 점령하였다. 홍차였다.

한편 커피 산업의 호황으로 파리에는 카페가 우후죽순으로 생겨났다. 하지만 커피는 여전히 상류층의 전유물이었다. 대다수의 파리 노동자들은 빵 한 조각마저 어려운 형편이었다. 카페에서 형성되는 정치 비판과 진보적 여론의 확산, 커피조차 마실 수 없는 가난한 국민들, 18세기 계몽주의를 선도한 루소의 열린 사상 등이 결합해 자유, 평등, 박애의 목소리가 전파되기 시작했다. 프랑스는 그렇게 대혁명의 문을 향해 걸어갔다.

이제 커피는 아프리카와 남미를 비롯해 아랍과 동남아 등지에서 생산되고, 종류도 수백 가지다. 그중 가장 비싼 커피는 인도네시아의 고양이 배설물에서 나온다는 '코피 루왁Kopi Luwak'이다. 인도네시아에 사는 사향고양이는 자바 섬에서 주로 커피 열매를 먹고 사는데, 딱딱한 씨는 소화관을 지나는 동안 발효가 된다. 그 과정에서 커피의 씨가 독특한 맛과 향을 지닌 묘약으로 다시 태어나서 코피 루왁의 재료가 된다. 체내 분해 과정에서 떫은 맛이 없어지고 아미노산의 쓴 맛이 첨가돼 황홀한 맛을 낸다는 것이다. 코피 루왁은 생산량이 적어 가격이 만만치 않다. 일반 커피보다 20~50배나 비싸다.

커피 한 잔의 추억

우리나라에 커피가 처음 들어온 때는 19세기 말이다. 1896년 아관파천 당시 러시아 공사관으로 피신해 있던 고종은 커피를 마시며 시름을 달랬다고 한다. 19세기에 도입된 후로 꾸준히 소비가 늘어나 2012년 우리나라의 시장 규모가 4조 원을 넘어섰다는 커피. 하루에도 엄청나게 많은 사람들이 마시는 커피지만, 카페인이 들어 있어 불면증과 위장 장애를 일으킨다는 생각이 일반적이다. 하루 2~4잔의 커피를 마시면 치매와 당뇨를 예방한다는 주장도 있긴 하나 의견은 분분하다.

악마처럼 검고, 지옥처럼 뜨거우며, 사랑처럼 달콤한 커피. 커피에 대한 역사는 잔혹하면서도 로맨틱하다. 한 양치기의 눈에 띈 커피 열매에서 시작해 수피교도에게는 잠을 쫓기 위한 음료로, 아라비아 상인들에게는 부의 수단으로, 식민지 원주민에게는 노동 착취의 배경으로, 영국의 여성들에게는 섹스리스의 원인으로, 프랑스의 지식인들에게는 자유와 평등의 각성제로 제 길을 걸어왔다. 우리가 마시는 한 잔의 커피에 얼마나 많은 역사가 담겨 있는가.

S 사장의 커피 한 잔에도 수많은 만남과 이별이 지나갔을 것이다. 그 여인이 누구였는지 굳이 떠올리지 않아도 좋다. 추억은 묻혀 있을 때가 아름다운 법이니까. 문득 그가 마셨다는 다방 커피가 마시고 싶어진다.

16

화려한 고독의 도시, 베네치아

—

〈박종호의 황홀한 여행〉

박종호 | 웅진지식하우스

오후의 여문 햇살이 땅을 뜨겁게 달구던 여름, Y 사장의 사무실을 방문했을 때 흐르던 음악은 카치니의 〈아베마리아〉였다. 소프라노 성악가의 높고 애잔한 목소리가 마치 슬픔을 가득 채운 통에서 나오는 소리 같았다. 방 안 가득 작은 먼지들이 음의 입자처럼 떠다니고, 세상은 〈아베마리아〉를 기준으로 이쪽과 저쪽으로 나뉜 듯했다.

Y 사장은 클래식 음악 마니아다. 사무실에서도 그는 항상 클래식 음악을 들으며 일을 한다. 그의 책상에는 꽤 큼지막한 오디오세트가 한 자리를 차지하고 있다. 주말이면 음악을 들으며 수백 장의 음반을 바닥에 깔아 놓고 하나씩 정성스럽게 닦는 게 큰 즐거움 중의 하나란다. 힐링인 동시에 출구, 그에게 음악은 그런 것이다.

깊고 강렬한 유혹, 베네치아

"베네치아에 혼자 오지 마라. 왜냐하면 누가 당신 곁에 있더라도 그에게 쓰러질 것이므로……."

최영미 시인의 말이다. 부유하듯 물 위에 떠 있는 도시, 안개 속을 유영하는 곤돌라, 운하를 따라 숨바꼭질하듯 숨어드는 소로들, 이 몽환적인 도시를 품고 있는 아드리아 해……. 베네치아는 파리나 뉴욕처럼 쉽게 전신을 보여 주지 않는다. 보이는 것들과 보이지 않는 것들을 꿰고 맞춰야 비로소 볼 수 있는 곳이다. 화려함으로 위장한 고독의 도시, 냉정함 속에 정열을 감추고 있는 도시가 베네치아다. 그래서 이곳에 오려면 혼을 뺏길 각오를 해야한다. 영화 〈여정旅情〉에서 캐서린 헵번이 이탈리아 남자 로자노 브라지의 품에 쓰러진 곳도 바로 베네치아다. 베네치아가 던지는 유혹이 그만큼 깊고 강렬하다. 그러니 혼자 오지 말라는 것이다.

지금부터 1,500년 전의 얘기다. 때는 로마 제국 말기, 팍스 로마나Pax Romana에 젖어 있는 유럽인들을 공포에 떨게 한 것은 야만족의 침입이었다. 저항한 자도 저항하지 않는 자도 죽음을 비껴갈 수는 없었다. 부자도 가난한 자도, 어른도 아이도, 어떠한 뇌물도 관용도 통하지 않았다. 그들이 지나간 자리에 살아남은 것은 아무것도 없었다.

그중에서도 훈족의 광포함은 극에 달했다. 이탈리아 북동쪽 베네토 지방 사람들도 훈족의 침입을 피해야만 했다. 그들이 피신한 곳은 갈대만 무성한 개펄이었다. 그곳은 사람이 살 수 있는 곳이 아니었다. 먹을 것이라곤 물고기밖에 없었다. 그래야만 했다. 야만족의 침입 욕망을 부추길 만한 어떠한 것도 없어야만 목숨을 부지할 수 있었다. 그들은 이주하며 가져간 목재로 살 집과 이동할 배를 만들었다. 척박한 개펄에 사람이 모여들면서 베네치아의 역사가 시작되었다.

초기 베네치아의 주된 사업은 염전 개발이었다. 그 후 토목 건축과 상업, 선박업과 항해술이 발달하면서 점차 해상 무역의 중요한 위치를 차지하게 되었다. 특히 동방으로 열린 바다는 콘스탄티노플(지금의 이스탄불)에 상인들을 진출시켜 동서양 교역의 교두

보를 마련하였다.《동방견문록》을 쓴 마르코 폴로가 중국에 진출해 관직에 오른 것도 이때다.

당시 베네치아 상인들은 단순히 행상인이 아니었다. 여행자, 탐험가, 선장이었으며 무엇보다 영리한 장사꾼이었다. 바다 안으로 도망친 사람들, 그리고 다시 바다 밖으로 나간 사람들은 바다를 관리하고 활용하여 마침내 바다로부터 부를 캐내었다. 수상 도시 베네치아의 탄생이었다.

곤돌라는 검다

베네치아의 운하는 물이 드나드는 길이다. 물론 배도 다니지만 주목적은 물이다. 섬과 섬 사이, 간석지와 간석지 사이에 깊은 곳만 남겨서 물이 지나가도록 하고 나머지를 석재로 메꾸어 놓은 땅이 베네치아다. 조수 간만과 강으로 흘러드는 비의 양을 조절하는 일은 사활이 걸린 문제였다. 비의 유입으로 넘치는 강물의 힘과 밀물 때의 바닷물을 상쇄하기 위해서는 미로처럼 빽빽한 수로를 만들 수밖에 없었다. 당시 관련 직무를 맡은 행정관이 업무를 소홀히 하여 문제가 발생하면 교수형에 처했다는 사실은 물의 관리가 얼마나 중요했는지를 보여 준다.

그렇다면 지반은 어떻게 조성했을까. 우선 단단한 재질의

떡갈나무를 골라 끝을 뾰족하게 깎아서 5미터 정도의 말뚝을 만들어 개펄 속에 빈틈없이 박는다. 말뚝 위에 바닷물에 강한 석재를 쌓아 올리고 그 위에 건물을 짓는다. 수면 위에 떠 있는 것처럼 보이는 베네치아의 건물들은 수많은 말뚝들과 견고한 석재의 기초 위에 세워진 것이다. 그렇게 118개의 섬과 200개가 넘는 운하, 400여 개의 다리로 이어진 베네치아의 몸통이 만들어졌다. 괴테는 베네치아를 두고 '베네치아는 육체의 눈이 아니라 지성의 눈으로 봐야 한다'고 말했다.

베네치아에는 자동차가 없다. 교통수단은 오로지 배다. 소방차도 배고, 쓰레기차도 배고, 택시도 버스도 배다. 그중 최고의 배는 곤돌라다. 베네치아의 곤돌라는 모두 검은색이다. 왜 검은색일까. 16세기 곤돌라는 모양도 색깔도 천차만별이었고, 덮개가 있어 밀폐된 공간이었다. 부유층의 사치와 퇴폐가 심해지면서 곤돌라는 치장을 하기 시작했다.

당시의 곤돌라는 부와 권력, 신분의 상징이었으며, 욕망을 불태우던 은밀한 장소이기도 했다. 가면을 쓰고 신분과 이름을 숨긴 채 에로틱한 밀실에서 하룻밤 사랑을 나누던 애욕과 정념의 시대였다. 이때 카사노바라는 불세출의 바람둥이가 등장한 것도 결코 우연이 아니다. 퇴폐와 향락이 도를 넘자 보다 못한 총독이 곤돌라를 검은색으로 칠하라는 칙령을 내리면서 화려한 쇼도 막을 내렸다. 곤돌라를 덮었던 뚜껑도 사라졌다.

오페라 평론가인 박종호 씨는 그의 저서 《박종호의 황홀한 여행》에서 곤돌라에 대해 조언한다.

"곤돌라도 타는 법이 있으니, 꼭 황혼에 타야 한다. 태양이 넘어가는 어스름 저녁에 타는 것이다. …… 그리고 둘이서 타야 한다. …… 둘이 타더라도 절대로 아무하고나 타서는 안 된다. 저녁 베네치아의 곤돌라에서는 그 누가 옆에 타더라도 그 품에 쓰러질 수밖에 없기 때문이다. 두 사람이 저녁에 곤돌라를 타면 곤돌리노는 어둡고 좁은 운하 사이로 곤돌라를 몰고 들어간다. …… 세상과 단절된 둘만의 시간으로 들어가는 것이다. 같이 탈 사람이 없다면 차라리 혼자 타야 한다. 옆자리는 언젠가 베네치아에서 만날 진정한 주인을 위해 오랫동안이라도 비워 놓은 채……."

베네치아의 슈퍼스타, 비발디

오스트리아 빈이 모차르트의 도시라면 베네치아는 안토니오 루치오 비발디의 도시다. 비발디를 빼놓고 베네치아를 설명할 수 없다. 18세기 비발디는 마이클 잭슨이나 싸이처럼 대중음악을 선도했던 당대 최고의 인기 스타였다. 베네치아를 방문하는 유럽인들의 관광 일정에 비발디의 콘서트는 필수 코스였다고 한다.

스물다섯 살에 신부가 된 비발디는 음악적 재능도 뛰어나고 자유분방한 성격에, 게다가 잘생기기까지 했다. 그러다 보니 유명세를 톡톡히 치를 수밖에 없었는데, 그래서인지 늘 스캔들을 달고 다녔다. 유명인들에 대한 추문의 제조와 확산은 동서고금이 크게 다르지 않은 듯하다. 비발디는 고향인 베네치아를 떠나 유럽 이곳저곳을 돌아다니다 외롭고 쓸쓸하게 여생을 마쳤다. 그리고 그는 잊혀졌다.

비발디가 지금의 우리에게 알려진 것은 1913년 이탈리아 실내악단인 이 무지치ㅣMusici가 〈사계〉를 연주하면서부터다. 비발디는 바이올린 연주의 대가였다. 합주 형식의 협주곡에서 벗어나 독주 악기를 전면에 내세워 새로운 버전의 협주곡 연주를 정립시킨 것도 그다. 그의 바이올린 협주곡집인 〈화성과 창의에의 시도〉에 들어 있는 12개 곡의 처음 4곡에 '봄', '여름', '가을', '겨울'의 부제가 붙어 있어, 이것을 따로 떼어 묶은 곡이 바로 〈사계〉다. 베네치아에 가면 반드시 비발디 연주회를 찾아봐야 한다. 전곡을 듣다 보면 사계절이 오고 가는 풍경을 귀로 느낄 수 있다.

역사상 가장 화려했고 가장 사치스러웠던 도시 중의 하나,

자연적인 것은 하나도 없고 인공으로만 지어진 도시, 갯벌에 말뚝을 박고 그 위에 떠 있는 신기루 같은 도시, 인간이 만들어 놓은 모든 것들을 뛰어넘는 도시, 아름다움 외에 모든 것을 잃어버린 도시, 베네치아. 산마르코 광장에 핑크빛 가로등이 하나둘씩 눈을 뜨고, 아드리아 해를 건너온 밤바람이 숨을 고를 때면 베네치아는 고독한 맨얼굴을 드러낸다.

지난여름 모처럼 휴가를 내어 베네치아를 여행했다. Y 사장도 들었을 비발디의 〈사계〉가 21세기 젊은 음악가들에 의해 개성 넘치는 음색으로 연주되고 있었다. 격정적이고 강렬한 그들의 연주는 분명 18세기 비발디의 감성과는 다를 터이다.

내친김에 음반 매장에 들어갔다. 과연 비발디의 도시다. 그의 음반이 헤아릴 수 없을 정도로 많다. 사라 장의 음반도 한쪽에 자리하고 있었다. 화려한 색의 가면을 쓴 두 사람이 앨범 사진으로 실린 음반이 눈에 띄었다. 바이올리니스트 파비오 비온디Fabio Biondi의 앨범이다. 대한민국이라는 머나먼 타국 땅에서 온 한 여인이 자신의 음악을 사고 있는 광경을 비발디가 본다면 얼마나 감동할 것인가. 내가 바로 300년 후의 고객 아닌가.

17

그대, 자유로운 영혼을 가졌는가

—

〈그리스인 조르바〉

니코스 카잔차키스 | 열린책들

"'왜요'가 없으면 아무 짓도 못 하는 건가요? 하고 싶어서 한다

면 안 됩니까? …… 당신 역시 저울 한 벌 가지고 다니는 거 아니

오? 매사를 정밀하게 달아 보는 버릇 말이오."

니코스 카잔차키스의 《그리스인 조르바》에 나오는 말 한마디에 필이 꽂힌 C 사장은 때만 되면 조르바병을 앓았다. 그러던 어느 날 갑자기 이사에게 모든 일을 떠맡기고 지리산으로 훌쩍 떠났다. 그래 봐야 3일을 못 넘기고 돌아올 거라 다들 예상했다. 역시나 모두의 기대를 저버리지 않고 그는 사흘 만에 돌아왔다. 잠시나마 조르바처럼 자유롭게 살고 싶었던 것이었을까. 그는 야생마 같은 시간을 보냈다고 했다.

그가 올랐다는 지리산 천왕봉은 1,915m다. 당뇨나 혈압, 심장 질환이 있는 사람에게는 제법 부담이 되는 높이다. 과체중과 혈압으로 동네 뒷산 오르는 것도 힘겨워하는 그가 어떻게 정상을 밟았는지 확인할 길은 없었다. 그러나 그는 분명히 달라져 있었다. 그는 지리산에서 무엇을 보았던 것일까.

불세출의 자유 영혼, 조르바

니코스 카잔차키스의 《그리스인 조르바》는 명사들이 추천한 소설에 오를 정도로 유명하다. 《나는 아내와의 결혼을 후회한다》의 저자 김정운 교수는 이 책을 읽고 교수직을 그만두었다. 국민 배우 최불암 씨도 30년 넘게 꿈꾸어 온 배역이 조르바였다고 한다.

《그리스인 조르바》로 카잔차키스는 세계적인 작가의 반열에 올랐다. 그를 두고 영국의 문예 비평가 콜린 윌슨은 이렇게 말했다.

"카잔차키스가 그리스인이라는 것은 비극이다. 이름이 '카잔초프스키'였고 러시아어로 작품을 썼더라면 그는 톨스토이, 도스토옙스키와 어깨를 나란히 할 수 있었을 것이다."

앤소니 퀸이 나오는 영화 〈그리스인 조르바〉가 있다. 사업이 망하던 날 조르바가 "하느님, 작고하신 우리 사업을 보우하소서. 오, 마침내 거덜났도다!"라고 외치며 해변에서 춤을 추는 장면은 최고의 명장면으로 꼽힌다.

조르바는 작가의 삶에 깊은 골을 남긴 실제 인물이다. 크레타 섬에서 탄광 사업을 계획하던 작가가 조르바를 감독으로 채용하고 6개월 동안 함께 지낸 날들이 소설의 모태가 되었다. 소심한 지식인인 '나'와 거친 그리스 뱃사람인 조르바가 항구에서 만나는 장면으로 소설은 시작된다. 작가는 조르바를 처음 본 순간 '오랫동안 찾아다녔으나 만날 수 없었던 사람'이었다고 회상한다.

"그는 살아 있는 가슴과 커다랗고 푸짐한 언어를 쏟아 내는 입과 위대한 야성의 영혼을 가진 사나이, 아직 모태母胎인 대지에서 탯줄이 떨어지지 않은 사나이였다. 언어, 예술, 사랑, 순수성, 정열의 의미는 그 노동자가 지껄인 가장 단순한 말로 내게 분명히 전해져 왔다."

작가인 카잔차키스는 《영혼의 자서전》에서 삶의 길잡이를 한 사람 선택해야 한다면 틀림없이 조르바를 선택했을 것이라고 말한다. 주린 영혼을 채우기 위해 오랜 세월 책으로부터 빨아들인 영양분의 질량과 겨우 몇 달 사이에 조르바로부터 느낀 자유의 질량을 돌이켜 볼 때마다 책으로 보낸 세월이 억울하다고 작가는 고백한다.

조르바는 학교 문 앞에도 가보지 못하고 만고풍상을 겪으며 살아온 풍운아였다. 가슴은 야생의 본성과 배짱으로 가득 차 있었고, 복잡한 문제를 한칼에 해결하는 위인이었다. 그의 거침없는 말들 속에는 자유의 진액이 가득하다.

"새끼손가락 하나가 왜 없냐고요? 질그릇을 만들자면 물레를 돌려야 하잖아요? 그런데 왼쪽 새끼손가락이 자꾸 거치적거리는 게 아니겠어요? 그래서 도끼로 내려쳐 잘라 버렸어요."

"결혼 말인가요? 공식적으로는 한 번 했지요. 비공식적으로는 천 번, 아니 3천 번쯤 될 거요. 정확하게 몇 번인지 내가 어떻게 알아요? 수탉이 장부 가지고 다니는 거 봤어요?"

"당신 책을 한 무더기 쌓아 놓고 불이나 확 싸질러 버리쇼. 그러고 나면 누가 압니까. 당신이 바보를 면할지. …… 우리가 당신을 제대로 만들어 놓을 수 있을지도 모르겠군요."

"인생이란 가파른 경사도 있고, 내리막길도 있는 법이지요. 잘난 놈들은 모두 자기 브레이크를 씁니다. 그러나 나는 브레이크를 버린 지 오랩니다. 나는 꽈당 부딪치는 걸 두려워하지 않거든요. …… 밤이고 낮이고 나는 전속력으로 내달으며 신명 꼴리는 대로 합니다. 부딪쳐 작살이 난다면 그뿐이죠. 그래 봐야 손해 갈 게 있을까요? 없어요. 천천히 가면 거기 안 가나요? 물론 가죠. 기왕 갈 바에는 화끈하게 가자, 이겁니다."

지중해의 빛으로 빚은 서정적인 문장들

《그리스인 조르바》에는 지중해의 빛으로 빚은 듯한 풍광들이 아름다운 언어로 출렁인다. 카잔차키스 특유의 서정적인 문장들이 행간에 가득하다. C 사장의 조르바병 악화(?)에 심대한 영향을 미친 문장들이다.

"바다, 가을의 따사로움, 빛에 씻긴 섬, 영원한 나신裸身 그리스

위에 투명한 너울처럼 내리는 상쾌한 비. 나는 생각했다. 죽기 전에 ○○에게 해를 여행할 행운을 누리는 사람에게 복이 있다고."

"정오 가까이 되어 비가 멎었다. 태양은 구름을 가르고 따사로운 얼굴을 내밀어 그 빛살로 사랑하는 바다와 대지를 씻고 닦고 어루만졌다. 나는 뱃머리에 서서 시야에 드러난 기적을 만끽할 수 있도록 나 자신을 버려두었다."

"부드럽게 비가 내리는 시각에 그 비가 내부의 슬픔을 일깨운다는 것은 얼마나 관능적으로 즐거운 일인가! 그럴 때면 의식의 심연에 숨어 있던 쓰디쓴 추억, 친구와의 이별, 사라져 버린 여자의 미소, 날개를 잃고 다시 구더기가 되어 버린 나방의 덧없는 희망 같은 쓰디쓴 추억이 의식의 표면으로 떠오른다."

"인간의 영혼이란 기후, 침묵, 고독, 함께 있는 사람에 따라 눈부시게 달라질 수 있는 것이네!"

인생을 통틀어 걱정과 행복의 총량을 따져 보면 하루치 할당량은 얼마인가. 근심과 불안이 그칠 새가 없는 우리에게 행복은 언젠가 닿을 먼 유토피아인가. 고생과 고통을 소진해야 행복을 얻는 것인가. 지금 행복하지 않다면 도대체 언제 행복할 것인가. 내가 만난 CEO들에게 행복하냐고 물으면 대부분이 "글쎄요. 뭐, 그냥 사는 거죠"라고 답한다. 그 말이 행복하다는 뜻인지, 아닌지는 나도 모르겠다. 어쩌면 행복을 생각할 겨를도 없이 매일 인생의 산을 넘고 있는지도…….《그리스인 조르바》를 읽다 보면 행복의 요소들이 멀리 있지 않고 주위에 산재해 있음을 발견한다.

"진정한 행복이란 이런 것인가. 야망이 없으면서도 세상의 야망을 다 품은 듯이 말처럼 뼈가 휘도록 일하는 것. …… 사람들에게서 멀리 떠나 사람을 필요로 하지 않되 사람을 사랑하며 사는 것. …… 성탄절 잔치에 들러 진탕 먹고 마신 다음, 잠든 사람들에게서 홀로 떨어져 별은 머리에 이고 뭍을 왼쪽, 바다를 오른쪽에 끼고 해변을 걷는 것. …… 그러다 문득 기적이 일어나 이 모든 것이 하나로 동화되었다는 것을 깨닫는 것."

"행복이라는 것은 포도주 한 잔, 밤 한 알, 허름한 화덕, 바닷소리처럼 참으로 단순하고 소박한 것이라는 생각이 들었다. 필요한 건 그뿐이었다. 지금 한순간이 행복하다고 느껴지게 하는 데 필요한 것이라고는 단순하고 소박한 마음뿐이었다."

조르바의 자유를 찾아서 떠나다

C 사장이 지리산으로 간 이유는 단순히 조르바 흉내 내기가 아니었을 것이다. 책임과 의무에 묶인 끈을 풀어 버리고 잠시나마 자유의 공기를 마시고 싶었는지 모른다. 대지의 속살을 부비고 자연의 심장 소리를 들으며 햇살과 뒹구는 에덴동산의 자신을 발견하고 싶었는지 모른다. 아직 잃지 않은 야성과 쓰다 남은 청춘의 호기를 온몸으로 확인하고 싶었을 것이다. 회사와 가족을 위해 자신을 버려 왔던 세월에 대한 나름 이유 있는 보상이었다고 말하는 그는 분명 조르바의 근성을 지녔다.

C 사장이 육체와 영혼의 자유를 누렸던 사흘은 조르바의 그것에 비하면 터무니없이 짧다. 하지만 조르바의 말처럼 그는 화끈하게 저질렀다. 파도처럼 넘실대던 능선들을 바라보고, 계곡 사이에 걸려 있는 폭포에서 물 몽둥이도 맞고, 밤이슬로 축축이 젖은 땅의 살냄새를 깊이 마셔 보았다면 분명 조르바의 자유를 느꼈을 것이다.

나는 C 사장을 이해한다. 무겁고 둔탁한 사장실 의자에서 빠져나와 사흘만이라도 아담의 모습으로 되돌아가고 싶어 하는 그의 회귀 본능을 응원한다. 홀연히 사라졌던 사흘이 그의 인생에서 어떻게 표시되어 있을지 궁금하다. 밑줄이 그어져 있을까, 별표를 그려 놓았을까. 아니면 비어 있는 괄호일까.

18

영혼의
러브레터

—

〈반 고흐, 영혼의 편지〉

빈센트 반 고흐 | 예담

화가가 꿈이었던 부인을 둔 K 사장은 유명 화가들의 전시
회가 있을 때면 놓치지 않고 부부가 함께 전시관을 찾는다. 가난
때문에 꿈을 이루지 못한 아내에게 미안한 마음을 달리 표현할 길
이 없어서다.

미대를 나온 아내와 결혼 후 패기만 믿고 시작한 사업이 IMF

때 직격탄을 맞았다. 모든 것이 산산이 부서졌다. 아이들을 친가와 외가에 따로따로 맡기고 자신은 신용 불량자가 되었다. 밑바닥 인생이 이런 거구나 싶었다. 하루 세 끼를 다 채우는 날이 드물었다. 버스비가 없어 묵고 있는 고시원까지 밤새 걸어간 적도 있다. 고시원은 감옥 같았다. 창이 있으면 방세가 더 비싸 창이 없는 방에서 묵었다. 빛 하나 들어오지 않는 쪽방에 누워 있으면 꼭 관 속에 누워 있는 것 같았다. 눈물이 흘렀다. 참 못 할 짓이었다.

다행히 그는 재기했고, 흩어졌던 가족들도 다시 모였다. 초등학교를 다니던 아들은 작년에 군대를 갔다. 딸은 엄마를 닮아서인지 그림을 잘 그린다. 얼마 전 아내와 함께 〈반 고흐전〉을 다녀왔다. 고흐의 그림 앞에 한참을 서 있는 아내의 눈에 아직 버리지 않은 꿈의 잔상이 보였다. 그것은 고흐가 평생 이루고 싶었던 꿈과 동일한 꿈이었을 것이다.

천재 화가 고흐의 외로운 고백

《반 고흐, 영혼의 편지》는 고흐가 동생 테오와 주고받은 편지들을 모아 놓은 책이다. 빈센트 반 고흐는 28살에 그림을 시작한 늦깎이 화가였다. 그때까지 제대로 된 그림 교육을 받아 본 적도 없었다. 37살의 나이로 자살할 때까지 겨우 9년 동안 그가 그린 그림은 무려 879점에 이른다. 지금 고흐의 작품은 천문학적인 가격에 달하지만, 정작 그는 살아생전에 단 한 점의 유화밖에 팔지 못한 불우한 화가였다. 인생을 고통으로 인식한 그는 자신의 귀를 자르는 등 심한 우울증과 발작에 시달렸다. 지독한 가난과 외로움을 견디지 못해 후원자인 동생 테오와 자살 직전까지 600통이 넘는 편지를 주고받았다.

두 번의 권총 자살을 시도했던 천재 화가 고흐. 그가 동생과 주고받은 편지엔 덧칠되지 않은 그의 영혼이 고스란히 담겨 있다. 어느 누구에게도 이해받지 못했던 그가 유일하게 자신을 돕고 사랑해 준 동생에게 보내는 편지를 읽다 보면 세상으로부터 버림받은 상처투성이의 고흐가 보인다. 그 상처를 그림에 대한 열정으로 치유하려는 그의 고뇌 또한 독백처럼 흐른다.

"예술가가 되려는 생각은 나쁘지 않다. 마음속에 타오르는 불과 영혼을 가지고 있다면 그걸 억누를 수는 없지. 소망하는 것을 터뜨리기보다는 태워 버리는 게 낫지 않겠니. 나에게 그림을 그리는 일은 구원과 같다. 그리지 않았다면 지금보다 더 불행했을 테니까."

"그림을 그리는 동안 내 안에서 전에는 갖지 못했던 색채의 힘이

꿈틀대는 것을 느꼈다. 그건 아주 거대하고 강력한 어떤 것이었다."

"그림이란 게 뭐냐? 어떻게 해야 그림을 잘 그릴 수 있을까? 그건 우리가 느끼는 것과 우리가 할 수 있는 것 사이에 서 있는, 보이지 않는 철벽을 뚫는 것과 같다. 아무리 두드려도 부서지지 않는 그 벽을 어떻게 통과할 수 있을까? 내 생각에는 인내심을 갖고 삽질을 해서 그 벽 밑을 파내는 수밖에 없는 것 같다. 그럴 때 규칙이 없다면 그런 힘든 일을 어떻게 흔들림 없이 계속해 나갈 수 있겠니? 예술뿐만 아니라 다른 일도 마찬가지다. 위대한 일은 분명한 의지를 갖고 있을 때 이룰 수 있다. 결코 우연으로 되는 것이 아니다."

사랑을 잃은 고흐

1881년 여름 고흐는 미망인이었던 사촌 케이에게 사랑을 고백하지만 거절당한다. 이를 계기로 가족들과의 갈등의 골이 깊어졌다. 사랑에 빠진 고흐, 하지만 이룰 수 없는 사랑에 대한 괴로움을 그는 편지에 쓰고 있다.

"이 사랑이 시작될 때부터 내 존재를 주저 없이 내던지지 않는다면 아무런 승산도 없다는 걸 알고 있었다. 사실 그렇게 나를 던진다 해도 승산은 아주 희박하지. 주어진 기회가 크거나 작은 것은 내 능력 밖의 일이 아니겠니. 사랑에 빠질 때 그것을 이룰 가능성을 미리 헤아려야 하는 걸까? 이 문제를 그렇게 할 수 있을까? 그래서는 안 되겠지. 어떤 계산도 있을 수 없지. 우리는 사랑하기 때문에 사랑하는 거니까."

"나는 여자가 필요하다. 나는 사랑 없이는 살 수 없고, 살지 않을 것이고, 살아서도 안 된다. 나는 열정을 가진 남자에 불과하고, 그래서 여자가 있어야 한다. 그렇지 않으면 나는 얼어붙든가 돌로 변하거나 할 것이다."

1885년 3월 아버지가 세상을 떠났다. 평생 아버지와 심한 갈등을 겪은 고흐였다. 상실감에 빠진 고흐가 그해 4월에 그린 작품이 〈감자를 먹는 사람들〉이다. 어두운 색조의 이 작품은 헤이그에서 전시되었는데, 그림 속 농부의 한 사람이 고소를 하는 해프닝이 벌어지기도 했다. 텅 빈 캔버스를 보면 무엇이든 그려야 하는 강렬한 욕망을 느꼈던 고흐는 그의 삶의 여백 또한 확신과 열정으로 채워야 한다고 스스로를 격려하고 있다.

"진정한 화가는 양심의 인도를 받는다. 화가의 영혼과 지성이 붓을 위해 존재하는 게 아니라, 붓이 그의 영혼과 지성을 위해 존재한다. 진정한 화가는 캔버스를 두려워하지 않는다. 오히려 캔버스가 그를 두려워한다."

그림으로만 말하는 화가

'아를'은 고흐가 사랑했던 남프랑스의 마을이다. 고갱과 함께 작품에 몰두한 곳, 예술에 대한 견해 차이로 그와 심하게 다툰 후 귀를 자른 곳도 아를이었다. 심해지는 발작으로 정신 병원에 강제 입원한 곳도, 그런 어려움에도 불구하고 200여 점의 작품을 남긴 곳도 아를이었다. 〈아를의 별이 빛나는 밤〉, 〈밤의 카페테라스〉, 〈해바라기〉 등 명작들이 아를 시절에 쏟아졌다. 그럼에도 그의 눈에 세상은 신의 실패작이었다.

"이 세상은 신이 뭘 해야 하는지 잘 모를 때, 제정신이 아닌 불행한 시기에 서둘러서 만들었음이 분명하다. 선량한 신에 대해 우리가 알고 있는 것, 그것은 자신의 습작을 만들기 위해 그가 많은 수고를 했다는 정도지."

간질 증세가 심해진 고흐는 프로방스의 생레미에 있는 요양원으로 들어갔다. 그 무렵 고흐의 작품은 주위로부터 서서히 호평을 받았으나, 갑자기 물감을 빨아 먹다가 발작이 진정되면 그림을 다시 그리는 등의 증세를 보였다. 1890년 브뤼셀에서 열린 전시회에 출품된 그의 유화 작품 〈붉은 포도밭〉이 팔렸다. 이것이 평생 하나밖에 팔리지 않은 그의 작품이다.

요양원 생활을 견디지 못한 고흐는 동생의 권유로 파리에 잠시 머물다 그의 마지막 행선지인 오베르 쉬르 우아즈로 향했다. 그곳에서 고흐는 〈까마귀가 나는 밀밭〉, 〈오베르의 교회〉 등을 강렬한 색채와 터치로 그렸다.

1890년 파리에서 동생과 돈 문제로 다투고 오베르로 돌아온 고흐는 7월 27일 자신의 다락방에서 가슴에 권총을 겨눈다. 이튿날 테오가 달려왔지만, 고흐는 '모든 것이 끝났으면 좋겠다'는 말을 남기고 동생의 품에서 불우했던 생을 마감했다. 고흐가 죽은 지 6개월이 지나 동생 테오도 건강이 악화되어 33살의 나이로 숨을 거두었다. 형제는 죽어서도 서로를 의지하려는 듯 오베르의 묘지에 나란히 묻혔다.

"내가 표현하고 싶은 것은 감상적이고 우울한 것이 아니라 뿌리 깊은 고뇌다. 내 그림을 본 사람들이 이 화가는 정말 격렬하게 고뇌하고 있다고 말할 정도의 경지에 이르고 싶다. 어쩌면 내 그림의 거친 특성 때문에 더 절실하게 감정을 전달할 수 있을지도 모른다. 나의 모든 것을 바쳐서 그런 경지에 이르고 싶다. 그것이 나의 야망이다."

고흐의 소원은 이루어졌다. 비록 사후이긴 하지만, 전 세계 사람들이 그의 사이프러스 나무 앞으로, 그의 밀밭길 앞으로, 그의 카페테라스 앞으로 모여 그와 영혼을 마주하고 있다. 그는 자신이 한 말처럼 '그림을 통해서만 말할 수 있는 사람'이었을 것이다. 그래서 빈 화폭에 그의 모든 것을 걸 수밖에 없었을 것이다.

자신의 작품이 수천만 달러를 호가하는 지금의 현실을 고흐가 안다면 과연 억울해할까, 아니면 흐뭇해할까. 고흐의 삶 전체를 관통했던 고독과 광기 덕분에 우리는 몇 푼의 입장료만으로 그의 작품 앞에서 값비싼 전율을 느낄 수 있게 되었다. 전시를 꼼꼼히 둘러보고 나오며 K 사장의 부인이 남편에게 이런 말을 했단다.

"우리는 고흐에게 영원한 채무자예요."

19

내가 너와
다르다는 것
—
〈이방인〉
알베르 카뮈 | 민음사

외국 건설 현장에 나가 있던 어느 회사 중역이 밤에 술집
을 갔다. 옆에 앉아 서비스를 해주는 생면부지의 여종업원에게 이
름을 묻자 자신의 이름을 말해 주었다. 몇 살이냐고 물으니 나이
도 말해 주었다. 세 번째 질문을 하려 하자 그 여종업원이 말했다.
"어디서 왔냐고 물으실 거죠? 이탈리아에서 왔구요. 그다음에는 언제부터 여기서 일했냐고 묻고 싶으신 거죠? 3년 좀 넘었어요. 손님 국적을 제가 알아 맞춰 볼까요? 한국 사람 맞죠?"

김화영 박사의 《바람을 담는 집》에 나오는 사례이다. 낯선 사람을 대하는 우리의 방식을 보여 준다. 처음 만나는 이와 인사를 나눌 때 어김없이 나오는 Q&A 항목들은 다음과 같다. 우선 고향이 어디인지, 나이는 몇 살인지, 학교는 어디를 나왔는지, 성씨의 본은 어디인지, 심지어 사는 집이 어디인지 등이 선행되어야 대화의 진도가 나간다. 출신 지역이 동향이거나 학교 선후배이기라도 하면 순식간에 '형님, 아우' 사이가 된다. 정치적 성향마저 같다면 친밀의 속도는 놀랄 만큼 빨라지고, 관계의 고리는 더욱 견고해진다. 김화영 박사는 이러한 현상이 '환상'이라고 설명한다. '단일 민족'이라는 닫힌 전체 속에서 출신 지역, 직업, 연령, 성, 이름 등을 알면 그 사람이 어떤 사람인지 알 수 있다는 '인식의 환상' 말이다.

누가 이방인인가?

동일한 대상에 대해 우리는 참 친절하다. 공통된 부분이 서로의 벽을 허물고 온정과 관용의 탑을 쌓는다. 차이의 부재에 대해서도 매우 긍정적이다. 반대로 나와 다른 것, 이질적인 것, 동떨어진 것에 대해서는 그다지 친절하지 않다. 지역이 달라서, 성격이 달라서, 인종이 달라서, 우리 편이 아니라서 대립하고 갈라서는 일이 비일비재하다. 조직도 예외는 아니다. 부서 간에, 팀 간에, 직급 간에 소통이 신통치 않은 까닭은 '받아들임'이 부족하기 때문이다.

알베르 카뮈의 《이방인》은 뫼르소라는 한 남자의 이야기를 다룬 이야기다. 그는 도통 이해하기 어려운 남자다. 모친상을 당한 날 여자 친구와 섹스를 하고, 태양 때문에 사람을 살해한다. '살인을 후회하지 않냐'는 판사의 질문에 '후회한다기보다 귀찮다'고 대답한다. 이성적인 논리로는 설명할 수 없는 인물이다. 그럼에도 책장을 넘길수록 삶에 대한 그의 시선에 강렬히 빠져든다.

사회적 관습에 젖어 사는 사람들, 매일매일 은폐와 과장과 위선의 가면을 쓰고 살아가는 사람들의 눈에 뫼르소는 받아들일 수 없는 이방인으로 보였을 것이다. 뫼르소는 자신이 옳다는 것을 굽히지 않는다. 왜? 적어도 자신은 확신이 있었기 때문이다. 카뮈는 서문에서 뫼르소를 이렇게 말한다.

"그는 거짓말하는 것을 거부한다. 거짓말을 한다는 것은 단순히 있지도 않은 것을 말하는 것만이 아니다. 그것은 특히 실제로 있는 것 이상을 말하는 것, 인간의 마음에 대한 것일 때는 자신이 느끼는 것 이상을 말하는 것을 뜻한다. 이건 삶을 좀 간단하게 하

기 위해 우리들 누구나 매일같이 하는 일이다. …… 그는 있는 그
대로 말하고 은폐하지 않는다."

삶을, 현재를 이야기하는 이방인 뫼르소

소설은 세 가지의 죽음으로 구성되어 있다. 첫 번째 어머
니의 죽음, 두 번째 바닷가에서의 살인, 세 번째는 주인공 뫼르소
의 사형이다.

평범한 회사원인 뫼르소는 어머니가 돌아가셨다는 연락을
받고 사장에게 이틀간의 휴가를 신청한다. 달갑지 않아 하는 사장
에게 그는 '그건 제 탓이 아닙니다'라고 말한다. 모친의 장례식에
서 슬픔조차 보이지 않았던 그가 집에 돌아왔을 때 처음 생각한
것은 '이제 실컷 잠잘 수 있겠구나' 하는 것이었다.

이튿날 여자 친구인 마리를 만나 희극 영화를 보고 데이트
를 즐긴다. 그녀가 돌아간 아침, 결국 달라진 것은 아무것도 없다
고 생각한다. 그는 건달인 레이몽과 바닷가로 해수욕을 갔다가 시
비가 붙은 아랍인을 향해 방아쇠를 당긴다.

"나는 기다렸다. 뜨거운 햇볕에 뺨이 타는 듯했고, 땀방울들이
눈썹 위에 고이는 것을 나는 느꼈다. 그것은 엄마의 장례식을 치

르던 그날과 똑같은 태양이었다. 특히 그날과 똑같이 머리가 아팠고, 이마의 모든 핏대가 한꺼번에 다 피부에서 지끈거렸다. 그 햇볕의 뜨거움을 견디지 못하여 나는 한 걸음 앞으로 나섰다. 나는 그것이 어리석은 짓이며, 한 걸음 몸을 옮겨 본댓자 태양으로부터 벗어날 수 없다는 것을 알고 있었다. …… 모든 것이 기우뚱한 것은 바로 그때였다. 바다는 무겁고 뜨거운 바람을 실어 왔다. 온 하늘이 활짝 열리며 비 오듯 불을 쏟아붓는 것만 같았다. 나는 온몸이 긴장해 손으로 권총을 힘 있게 그러쥐었다. 방아쇠가 당겨졌고, 권총 자루의 매끈한 배가 만져졌다. 그리하여 짤막하고 요란한 소리와 함께 모든 것이 시작되었다. 나는 땀과 태양을 떨쳐 버렸다. 나는 한낮의 균형과 내가 행복을 느끼고 있던 바닷가의 예외적인 침묵을 깨뜨려 버렸다는 것을 깨달았다.”

뫼르소는 체포되어 판사의 심문을 받게 된다. 뫼르소의 모호한 답변에 화가 난 판사가 십자가를 휘두르며 용서를 받으려면 마음을 비우라고 훈계하자 뫼르소는 생각한다.

“솔직히 말해서 나는 그의 논리를 제대로 따라갈 수가 없었다. 첫째로 몹시 더운 데다 그의 사무실에는 큼직한 파리들이 있어서 그것들이 얼굴에 달라붙었기 때문이고, 또 나는 그의 태도에 좀 겁이 나기도 했다. 그와 동시에 판사가 하는 짓이 우스워 보였다."

뫼르소에게 중요한 것은 '두 번째 총알을 쏘기 전에 왜 기다렸냐' 따위의 판사의 지루한 심문이 아니라, 찌는 듯한 더위와 자꾸 얼굴에 달라붙는 파리 떼였다. 하느님을 믿지 않는다고 하는 그에게 십자가를 코앞에서 흔들며 미친 듯이 소리를 지르는 판사는 그저 성가신 존재일 뿐이었다.

뫼르소가 형무소에 수감되어 가장 괴로웠던 것은 바다를 향해 내려가고 싶은 욕망, 발바닥에 부딪히는 첫 물결, 물속에 몸을 담그는 촉감, 그리고 해방감 같은 것들로부터 자유롭지 못하다는 것이었다. 법정에서 호송차로 가는 동안 그는 신문팔이의 외치는 소리, 공원의 새소리, 샌드위치 장수의 부르짖음, 급커브길에서 울리는 전차의 마찰음 등을 들으며 짧은 순간 여름 저녁의 냄새와 빛을 느낀다. 그것은 삶이었다. 뫼르소Meursault라는 이름은 '죽음'을 뜻하는 'Meurs'와 '태양'을 뜻하는 'Sault'의 합성어이다. 카뮈는 뫼르소를 통해 죽음을 이야기하고 있는 것이 아니라, 삶을 이야기하고 있다.

결국 뫼르소는 어머니가 돌아가신 날 눈물을 흘리지 않았으며, 다음 날 해수욕을 하고, 난잡한 관계를 갖고, 희극 영화를 보러 가서 시시덕거렸고, 게다가 살인까지 저질렀다는 이유로 사형 선고를 받는다. 감옥을 찾아와 훈계를 늘어놓는 사제를 향해 뫼르소는 그동안 참았던 분노를 터뜨리며 고함을 친다.

"보기에는 내가 맨주먹 같을지 모르나, 나에게는 확신이 있어. 나 자신에 대한, 모든 것에 대한 확신. 그보다 더한 확신이 있어. 나의 인생과 닥쳐올 이 죽음에 대한 확신이 있어. 그렇다. 나한테는 이것밖에 없다. 그러나 적어도 나는 이 진리를, 그것이 나를 붙들고 놓지 않는 것과 마찬가지로 굳게 붙들고 있다. 내 생각은 옳았고, 지금도 옳고, 또 언제나 옳다. 나는 이렇게 살았으나, 또 다르게 살 수도 있었을 것이다. 나는 이런 것은 하고 저런 것은 하지 않았다. 어떤 일은 하지 않았는데, 다른 일은 했다. 그러니 어떻단 말인가?"

사제가 방을 나가고 평정을 찾은 뫼르소는 감옥에서의 마지막 밤을 보낸다.

"밤 냄새, 흙 냄새, 소금 냄새가 관자놀이를 시원하게 해주었다. 잠든 그 여름의 그 희한한 평화가 밀물처럼 내 속으로 흘러들었다. 그때 밤의 저 끝에서 뱃고동 소리가 크게 울렸다. 그것은 이제 나와는 영원한 관계가 없어진 한 세계로의 출발을 알리고 있었다. …… 나는 전에도 행복했고, 지금도 행복하다는 것을 느꼈다. 모든 것이 완성되도록, 내가 덜 외롭게 느껴지도록, 나에게 남은 소원은 다만 내가 사형 집행을 받는 날 많은 구경꾼들이 와서 증오의 함성으로 나를 맞아 주었으면 하는 것뿐이었다."

우리도 언젠가 이방인이 된다

뫼르소는 세상의 논리에서 동떨어져 있는 이방인이었다. 어머니의 죽음에 냉담했고 다음 날 여자랑 잤다는 이유로 영혼이 없는 사람으로 분류되었다. 태양 때문이었다는 그의 살해 동기는 외면당했고, 고의적이고 계획적인 살인으로 확정되었다. 개인의 사유와 개성이 거대한 동질성의 집단에 의해 파괴됨을 소설은 보여 주고 있다.

나와 다른 남에 대해 우리는 얼마나 관대한가. 피부색과 출신 지역, 연봉과 재산, 신분과 지위, 질병과 장애, 고졸과 대졸, 남성과 여성, 군필과 미필 등 이루 헤아릴 수 없는 차이를 편견 없이 받아들이고 존중하는가. 태국에서 경영학을 공부하다 왔다는 한 외국인 근로자는 자신의 나라를 골프와 뱀 농장, 섹스 관광의 나라로만 보지 말라고 한다. 일할 수 있는 젊은이들이 많은 나라라며 우리의 실업난을 꼬집는다. 고학력 출신이지만 해외의 산업 현장에서 기름때 묻혀 가며 일하고 있는 그들이야말로 미래의 성장 동력일 수 있다. 피부색이 좀 다르다고 해서, 그들보다 국민 소득이 좀 높다고 해서 우월하다고 하지는 못한다.

우리는 이방인들에게서 무엇을 배울 것인가. 동질적인 면을 더 많이 받아들여 부풀릴 것이 아니라, 이질적인 면을 받아들여 통합과 조화를 이루어 내야 한다. 받아들여야 한다. 받아들이지 않으면 우리도 언젠가 그들에게 이방인이 되어 고립될지도 모를 일이다.

20

살롱과
카페 이야기

—

〈유럽 카페 산책〉

이광주 | 열대림

집의 장점을 모두 갖추고 단점을 모두 치워 낸 곳. 그래서 좀처럼 떠나기 어려운 곳. 무엇이든 할 수 있지만, 아무것도 하지 않아도 좋은 자유의 터전. 집으로는 도저히 초대하지 못할 만큼 재미있는 사람들과 만나는 장소. 아내로부터 도망쳐 다른 여인을 찾아가는 곳. 진정 천국이라는 기분이 들게 만드는 곳. 집이 '결혼'

이라면 이곳은 '연애'라고 할 수 있는 곳. 과연 그런 곳이 있을까? 있다. 카페다. 물론 우리 얘기는 아니다. 카페라면 사족을 못 쓰는 유럽 사람들 얘기다.

카페를 떼어 놓고 유럽인들의 삶을 얘기할 수는 없다. 그들에게 카페는 비공식과 익명이 허용되고, 자유와 유희가 공인되는 장소다. 집이 주민등록상의 주소라면 카페는 그들의 영혼이 머무는 주소다. 유럽을 여행하다 보면 어느 지방 어느 소도시를 가더라도 골목마다 광장마다 카페가 있는 풍경들을 만난다. 흰색 테이블 사이를 누비는 희고 검은 복장의 가르송들이 쟁반에 받쳐 든 한 잔의 커피에는 멀리 아프리카 땅에서, 혹은 남미에서 태어난 커피 열매의 궤적이 담겨져 있다. 그 궤적은 너무도 멀고 아득해서 일일이 밝힐 수 없다. 그저 향으로 말할 뿐이다.

커피의 농염한 향에 빠져 K 사장은 카페를 차렸다. 그에게 카페는 은밀한 곳도, 연애의 장소도 아니다. 두 아이의 미래가 걸린 생존과 사활의 일터다. 그러면서 그는 카페를 사랑한다. 그의 표현대로라면 '카페는 영혼이 먹고 사는 곳'이기 때문이다.

커피 잔에 담긴 문화사

하루 동안 전 세계 사람들이 마시는 커피는 25억 잔이라고 한다. 한때 우리나라엔 커피 전문점 광풍이 불었다. 한 집 건너 하나씩 커피 전문점이 생겼다. 유명 커피 전문점과 중소 커피 전문점이 앞다투어 매장을 늘린 데다 빵집마저 커피 판매에 뛰어들면서 2011년 우리나라 커피 소비량은 세계 11위를 기록했다. 커피를 만드는 제조기나 도구들, 전자 제품들도 덩달아 매출이 급상승했다. 젊은 층이 커피 소비를 주도하면서 커피는 이제 후식이 아니라 문화로 정착되었다. 덕분에 일명 '다방 커피'는 이제 보기 힘들어졌다. 주문도 '그냥 커피 한잔 주세요'가 아니다. 수십 가지 파생 상품들이 나오면서 입맛 따라 취향 따라 주문 방식도 다양하다.

다방 커피에 길들여진 한 CEO는 '아메리카노' 딱 한 가지만 주문한다. 아메리카노가 좋아서가 아니라, 그게 외우기가 제일 쉬웠단다. 그 밖의 것들은 이름도 복잡하고 외우기가 어려워 포기했다. 다방 커피의 달짝지근함을 최고로 치는 그에게 아직 아메리카노는 정이 안 가는 음료다.

다방 커피든, 에스프레소든 커피 문화를 이끌었던 카페는 어떻게 생겨나게 되었을까. 커피의 기원설은 분분하지만, 에티오피아설이 가장 유력하다. 빨간 열매만 먹으면 기운이 나서 펄펄 뛰는 염소들을 보고 무슨 열매인가 봤다. 그것이 커피였다. 에티오피아의 커피는 15세기 예멘으로 전해져 상품화되었다. 예멘의 커피는 오스만 제국으로 전파돼 이스탄불을 거쳐 유럽인의 코를 자극했다.

16세기 유럽인들은 지금의 한류 열풍처럼 오리엔트에 열광했다. 당시 콘스탄티노플은 오스만 튀르크의 수도로 동서양의 가교인 동시에 최대의 시장이었다. 특히 인도산 향료와 이집트 설탕, 예멘의 커피는 이스탄불 상인들에 의해 전매되었다. 터키풍의 옷을 입고 고급스런 중국 도자기 잔에 담긴 커피를 마시며 무어인의 시중을 받는 풍속이 유럽 상류층 사이에 대유행하면서 커피는 시민들에게도 전파되었다.

파리의 화려한 카페 문화

18~19세기는 유럽에서 카페 문화가 꽃을 피운 시기이나, 그 이전에 사교와 지성의 산실이었던 살롱이 있었다. 카페가 생기기 이전 사교와 담론의 장이었던 살롱은 귀족과 부르주아의 문화적, 사회적 전유물이었다. 고혹적인 귀부인을 중심으로 지식인, 예술인, 철학자들이 모여 지적인 토론의 장을 벌였던 곳이 살롱이다. 살롱의 수준은 여주인의 매력과 살롱에 초대된 손님들의 유명세에 따라 결정되었다. 매혹적인 부인의 관심을 끌기 위해 당대의 수많은 지식인과 유명인들이 살롱의 문을 두드렸다. 그들의 화제는 사랑, 운명, 허영, 연애 등 귀부인들을 위한 관심사가 주를 이루

었는데, 분위기는 여주인이 주도하였다.

살롱에는 지성인이라면 신분을 막론하고 참석할 수 있었기에 진보된 사상과 민주화 의식이 거침없이 쏟아져 나왔다. 17세기 살롱이 가장 번성했던 곳은 프랑스였다. 1789년 프랑스 혁명의 이념과 정신이 싹을 틔운 곳도 살롱이다. 18세기 계몽주의가 등장하면서 살롱은 황금기를 맞는다. 몽테스키외, 볼테르 등 철학자들이 살롱의 주역이 되었다. 프랑스 혁명이 살롱의 모습을 크게 바꿔 놓으면서 이때부터 작가, 화가, 음악가 등 유럽의 문화사를 주도한 예술가들이 등장했다.

1686년 파리에 처음 선보인 카페 프로코프Le Procope는 살롱의 고급문화를 이어받으며 프랑스 지성의 요람이 되었다. 1789년을 전후해서는 로베스피에르 등 혁명의 주역들이 이곳에서 작전을 세우기도 했다. 프로코프의 뒤를 이어 1885년 문을 연 되 마고 Les Deux Magots는 '좋은 시절'로 일컬어지는 벨 에포크La belle époque를 구가했다. 영화 〈미드나이트 인 파리Midnight in Paris〉에서 아드리아나가 되돌아가고 싶어 하던 시대가 바로 이 시대이다.

되 마고는 현대 미술사를 빛낸 몬드리안, 피카소, 만 레이 등의 예술가들과 조르주 상드, 발자크, 에밀 졸라 등 19세기 프랑스 문학을 대표하는 작가들이 찾으며 파리 문화의 중심지로 떠올랐다.

'두 개의 중국 인형'을 뜻하는 되 마고란 이름은 중국에서 유래된 차에 경의를 표시한다는 뜻으로 붙여졌다고 하나, 실은 차가 아니라 실크의 원산지 중국을 상징한다. 카페가 들어서기 전에는 중국산 실크를 파는 가게였기 때문에 붙여진 이름이다. 1920~1930년대를 풍미했던 시인 릴케와 장 콕토, 오스카 와일드 등이 제집 드나들 듯하며 문학의 꽃을 피우던 곳이 바로 카페 되 마고다.

되 마고와 함께 파리 카페 문화를 선도했던 카페 드 플로르 Café de Flore는 작가, 예술가들의 창조의 공방이었다. 《어린 왕자》의 작가 생텍쥐페리는 늘 부인과 함께 이곳을 찾았다. 까뮈의 《이방인》이 이곳에서 탈고되었고, 헤밍웨이, 앙드레 말로 등의 작가들과 프랑스를 대표하는 배우들, 패션계 거물들, 정치인들, 가수 에디트 피아프가 단골손님이었다.

카페 드 플로르 하면 빼놓을 수 없는 두 사람이 바로 사르트르와 보부아르 부부이다. 그들은 카페가 문을 연 시간부터 닫을 때까지 그곳에서 집필하고 토론하면서 문학과 철학의 신화를 일구어 냈다. 보부아르의 《제2의 성》, 사르트르의 《존재와 무》가 이곳에서 탄생했다. 두 사람은 각자의 아파트에 사는 계약 부부였는데, 《제2의 성》에서 주장하듯이 남녀는 자유로운 주체로 상대를 존중하는 동등한 관계여야 한다는 것을 몸소 실천했다고 한다.

사르트르는 이곳에서 소설, 희곡, 철학에 이르기까지 방대한 저서를 집필하였다. 보부아르 몰래 다른 여인들에게 보내는 연애편지도 매일 10통씩 썼다고 하니, 그의 필력이 새삼 대단하기도 하다.

1920년대 헤밍웨이도 파리를 사랑했다. 그는 저서 《파리는 날마다 축제》에서 '만약 당신이 젊은 시절 파리에 살 수 있는 행운을 누렸다면, 당신이 평생 어디를 가든 파리는 움직이는 축제처럼 당신을 따라다닐 것'이라고 했다. 그가 즐겨 찾던 카페는 파리의 빼놓을 수 없는 명소가 되었다.

고민이 있으면 카페로 가자

유럽인들은 카페를 통해 일탈과 해방을 꿈꾸었으며, 혁명과 자유를 외쳤고, 문화와 예술을 주도하였다. 20세기 초 프랑스 전역에 60만 개의 카페가 있었다는 사실은 그들이 얼마나 카페를 사랑했는지를 보여 준다.

한때 프랑스 전국에 60만 개를 넘었던 카페도 점점 줄어들어 지금은 5만여 개의 카페만이 영업 중이다. 남은 카페들도 철학 카페, 심리학 카페, 사이버 카페, TV 토론 카페 등으로 다양한 변신을 시도하고 있다고 한다. 옛것과 새것 사이에서 전통을 지키고 변화를 받아들이는 그들의 노력이 새로운 벨 에포크를 창조할지 지켜볼 일이다.

K 사장의 책상에는 이광주의 《유럽 카페 산책》이 항상 놓여 있다. 그의 꿈은 책에 나와 있는 카페들을 모조리 가보는 것이다. 그중 6곳을 가보았다. 아직 몇 곳이 더 남아 있다며, 매상이 많이 올라야 갈 수 있단다. 그의 카페가 잘되었으면 좋겠다. 커피 한잔을 파는 카페가 아니라, 그 한잔에 담긴 커피의 일생을, 살롱의 역사를, 예술가들의 시간들을 향기로 전하는 카페가 되었으면 좋겠다. 그의 수첩에 적힌 페터 알텐베르크Pater Altenberg의 카페 예찬의 일부를 옮겨 본다.

고민이 있으면 카페로 가자.

그녀가 이유도 없이 만나러 오지 않으면 카페로 가자.

장화가 찢어지면 카페로 가자.

월급이 400크로네인데 500크로네 쓴다면 카페로 가자.

바르고 얌전하게 살고 있는 자신이 용서되지 않으면 카페로 가자.

좋은 사람을 찾지 못하면 카페로 가자.

언제나 자살하고 싶다고 생각하면 카페로 가자.

사람을 경멸하지만 사람이 없어 견디지 못한다면 카페로 가자.

21

진정 내가 원하는
삶을 사는가

—

〈달과 6펜스〉
서머싯 몸 | 민음사

인터넷 검색창에 '죽기 전에'라고 치면 이루 헤아릴 수 없는
'죽기 전에 ~하기 시리즈'가 쏟아져 나온다. 죽기 전에 해야 할 일,
죽기 전에 가야 할 여행지, 죽기 전에 만나야 할 사람, 죽기 전에
봐야 할 영화 등등. 죽기 전에 안 하면 사후에 불이익이라도 생기
는 것일까. 죽기 전에 해야 할 것이 이렇게나 많으면 '도대체 언제

189

죽나' 하는 생각이 들 정도다. 왜 하필 '죽기 전에'라고 했을까. '살아 있는 동안'이라는 긍정적인 말도 있는데, 굳이 사생결단 내듯이 해야 하고, 가야 하는지. 하긴 극단적인 표현을 써야 기억 저편으로 점점 사라지는 꿈의 파편들을 끌어모을 수 있는지도 모르겠다.

O 사장은 시를 쓰겠다는 꿈이 있다. 글을 잘 써서가 아니다. 시를 써본 적도 없다. 시인이 되려는 것은 더더욱 아니다. 그저 시가 만들어 내는 언어의 향과 맛이 좋고 감촉이 좋을 뿐이다. '시가 듬뿍 담긴 잔을 맘껏 마시고, 시의 속살들을 만지작대며 행복할 수 있다면 더 이상 무엇을 바라겠는가'가 그의 말이다. 그렇다. 사장의 인생에도 회사의 경영 목표만큼 중요한 것이 있다. 그것이 무엇이든 아무튼 죽기 전에 해야 한다.

찰스가 모든 것을 버리고 파리로 떠난 이유

"나는 그림을 그리고 싶소."

"아니, 나이가 사십이 아닙니까?"

"그래서 이제 더 늦출 수가 없다고 생각했던 거요."

잘나가던 한 중년의 증권사 직원이 어느 날 갑자기 직장과 가정을 버린 이유를 말했다. 이 남자 찰스 스트릭랜드. 미쳐 버린

게 아닐까. 머리가 돌지 않고서야 어떻게 이런 만행에 가까운 짓을 한단 말인가. 철없는 남편이라고 치기엔 너무 심하게 철이 없지 않은가. 〈세상에 이런 일이〉에나 나올 법한 사건에 대해 《달과 6펜스》는 말한다. '가능한 일'이라고.

서머싯 몸의 소설을 읽으며 대리 만족을 느꼈다는 한 CEO는 주인공을 내심 부러워하는 눈치였다. 인생의 1년만 뚝 떼어서 나 하고 싶은 일만 하며 자유롭게 살아 봤으면 하는 우리도 막상 찰스 같은 사람이 나오면 무책임하고 부도덕한 부류라고 얼굴이 벌게져 가며 비난을 퍼붓는다. 사실은 부러운 것이다. 이런저런 삶의 무한 책임에 발목 잡혀 있는 내가 하지 못하는 일을 한다니 얼마나 부러운가. "꿈은 이루어진다고? 꿈도 꿈 나름이지" 하며 언감생심 꿈도 꿔서는 안 되는 일인 양 지레 포기해 버리는 우리다.

소설의 주인공 찰스가 모든 것을 버리고 파리로 떠난 이유는 화가가 되기 위해서도, 명예를 얻기 위해서도, 돈을 벌기 위해서도 아니었다. 오로지 그림을 그리기 위해서였다.

"나는 그림을 그려야 한다지 않소. 그리지 않고서는 못 배기겠단 말이오. 물에 빠진 사람에게 헤엄을 잘 치고 못 치고가 문제겠소? 우선 헤어 나오는 게 중요하지. 그렇지 않으면 빠져 죽어요."

그림에 대한 그의 들끓는 욕망이 이 말 속에 전부 들어 있다. 그에게 중요한 것은 '되는 것'이 아니라 '하는 것'이었다. 이론이나 화풍, 재능 따위는 상관없었다. 안 하면 죽을 것 같은 광적인 열정만이 그가 가진 유일한 붓이었고 화폭이었다.

우리는 '되는 것'이 우선이다. 되고 나서 해야 직성이 풀린다. 그래서 가장 먼저 할 일은 스펙을 쌓는 일이다. 아는 게 힘이고 아는 만큼 보인다는 강한 믿음 때문이다. 이론으로 중무장하려면 먼저 학위를 취득해야 한다. 공인된 자격을 갖추어야 뭔가 탄탄해 보이고, 설사 실력이 좀 부족하더라도 보완이 가능하다. 그다음이 인적 네트워크 형성이다. 동일한 분야의 사람들과의 교류는 필수 과정이다. 정보가 교환되고, 동질감과 소속감이 그곳에서 완성된다.

소설 속 찰스는 자신의 재능을 가늠해 보지도 않고, 타인을 의식하지도 않는다. 오직 그림과 본인만이 있을 뿐이다. 파리에서 부랑자 같은 시절을 보낸 그는 타히티 섬으로 간다. 그곳에서 원주민 처녀와 살면서 그림을 그리다 결국 나병에 걸려 시력을 잃는다. 죽기 전 필생의 역작을 오두막 벽에 남긴 그는 자신을 오두막과 함께 불태워 달라는 유언을 남긴 채 죽음을 맞는다.

아무것도 볼 수 없는 찰스가 벽에 그린 그림 앞에 선 소설 속 화자는 전율한다. 숨이 막히고, 이해도 분석도 할 수 없는 감정들로 가득 찬다. 창세의 순간을 목격한 듯, 봐서는 안 될 아름답고 무서운 비밀을 보고야 만 사람처럼, 허락하지 않은 신성한 무엇을 알아 버린 사람처럼.

소설의 모델이 된 고갱

《달과 6펜스》는 프랑스의 후기 인상파 화가 폴 고갱을 모델로 하고 있다. 고갱은 증권 일을 하던 20대부터 그림을 그렸다. 35세에 증권 시장의 붕괴로 일자리를 잃은 그는 화가가 되기로 결심했으나, 생활고로 어려움을 겪다 결국 가족들마저 떠나 버린다. 40대에 타이티 섬으로 이주해 13살의 소녀를 만나 그림만을 그리며 살던 중 건강을 잃는다. 심장병과 성병 등에 걸려 고생하던 그는 증세가 악화되어 결국 1903년 55세의 나이에 사망한다. 주인공인 찰스처럼 극적인 상황은 없었지만, 작가는 유사한 삶의 소재들을 고갱에게서 가져왔다.

제목 '달과 6펜스'는 각각 다른 두 개의 세계를 상징한다. 달은 영혼과 상상의 세계, 욕망의 본원지이다. 6펜스는 은화다. 돈과 물질, 현실 세계, 세속과 굴레를 의미한다.《달과 6펜스》는 남부럽지 않은 중년의 한 남성이 달의 세계를 향해 6펜스의 세계를 탈출하는 과정을 그리고 있다.

"다른 길의 삶에서 더욱 강렬한 의미를 발견하고, 반 시간의 숙고 끝에 출세가 보장된 길을 내동댕이치자면 아무래도 적지 않은 인격이 필요했을 것이다. 게다가 그 갑작스러운 결정을 후회하지 않으려면 더더욱 큰 인격이 필요할 것이다."

6펜스의 시각으로 보면 주인공 찰스는 당연히 낙오자요, 패배자다. 세속적인 기준이 정하는 성공의 조건을 갖춘 사람이 해서는 안 될 야만적인 행위를 한 셈이다. 그러나 이 소설은 묻는다.

"자기가 바라는 일을 한다는 것, 자기가 좋아하는 조건에서 마음 편히 산다는 것, 그것이 인생을 망치는 일일까? 그리고 연 수입 일만 파운드에 예쁜 아내를 얻은 저명한 외과의가 되는 것이 성공인 것일까?"

'삶은 B Birth와 D Death 사이에 있는 C Choice'라는 사르트르의 말을 빌리지 않고도 우리는 태어나서 수많은 선택 앞에서 고민한다. 문제는 선택의 결정권이다. 선택의 주체가 나에게 있어야 한다. 6펜스의 세계에서는 나의 자유 의지보다 타인의 이목과 평가가 우위에 있다. 내가 느끼는 행복보다 '남이 느끼는 나의 행복'

이 더 중요하다. 그러니 나의 욕망은 자연히 뒷전일 수밖에 없다.

죽기 전에 죽기 살기로

전자 부품 제조업을 하는 K 사장은 어렸을 때부터 음악을 하고 싶어 했다. 아버지의 반대에 부딪혔다. 노래는 광대들이나 하는 짓이라는 뿌리 깊은 의식이 부자간의 갈등을 부추겼다. 할 수 없이 부친의 강압에 의해 경영학과로 진학했으나 공부가 잘 될 리 없었다. 강의를 듣는 시간보다 서클 룸에서 노래하는 시간 이 훨씬 많았다.

당시 가요계는 통기타 가수들의 전성기였다. 양희은, 송창 식, 윤형주, 정태춘, 박은옥 등 국내 정상급 가수들이 그에게는 멘 토이자 경쟁자였다. 대학 축제 등지에서 음악에 대한 갈증을 해소 해 보곤 했지만, 이마저도 부친에게 들켜 기타로 실컷 두들겨 맞 고는 활동 금지령을 받았다. 속된 말로 멘붕에 몸붕까지 왔었다고 그는 회고한다. 그래도 음악에 대한 원초적 본능은 언제나 그를 강하게 유혹했다. 결국 부친의 사업을 이어받아 사업을 하고 있지 만, 음악은 늘 오아시스처럼 6펜스의 사막을 헤매는 그에게 어서 오라고 손짓을 한다.

사실 그의 노래는 매우 뛰어난 편은 아니더라도 수준급이다. 송창식과 윤형주를 반반씩 섞어 놓은 정도랄까. 그의 꿈은 언젠가 무대에 서는 것이다. 노래한다고 아들에게 몽둥이찜질을 서슴지 않으셨던 선친을 위해 노래를 부르고 싶다는 그의 내심이 효심인지, 앙심인지는 모르겠다. 언젠가 평소 그답지 않게 얼굴에 근심이 가득해 이유를 물으니, 하나밖에 없는 아들이 성악과를 간다고 해서 흠씬 패주고 나오는 길이란다. 그의 얼굴에서 선친의 모습이 보였다.

2년 전 일용직 청년 최성봉의 동영상이 유튜브를 타고 전 세계로 퍼진 적이 있었다. 평범하고 왜소한 체구에 수수한 얼굴의 청년이 말하는 사연이 참 기구했다. 세 살 때 고아원에 맡겨졌다가 구타에 못 이겨 도망쳐 다섯 살 때부터 나이트클럽을 돌며 껌을 팔았다. 일정한 거처가 없어 공용 화장실이나 계단에서 잠을 잤다고 했다. 밑바닥 삶을 살던 그에게 유일한 즐거움은 노래였다. 노래할 때만큼은 모든 고초를 잊을 수 있었다. 학교는 꿈도 못 꾸고 검정고시를 치러 예술고등학교 성악과를 다녔다. 일용직을 전전하면서도 그는 노래를 놓지 않았다. 한 케이블 채널의 노래 경연 대회에서 그가 부른 노래〈넬라 판타지아〉는 모든 이의 눈과 가슴을 적셨다. 그는 클릭 수 1,000만 건을 넘게 기록하며 일약 스타가 되었다.

꿈을 버리지 않는 한 그 꿈은 유효하다. 꿈이 끝나는 시점은 절망적인 상황이 아니라, 포기하는 순간이다. 꿈은 스스로 사라지지 않는다. 포기하는 자에 의해 폐기되는 것이다. 예전에 〈개그 콘서트〉의 '용감한 녀석들'이 부르던 랩송이 생각난다.

"한숨 대신 함성으로! 걱정 대신 열정으로! 포기 대신 죽기 살기로!"

무엇을 원하든 삶이란 '죽기 전에 죽기 살기로' 부딪쳐야 한다.

22

승리란 실패를 딛고 일어서는 것

—

〈노인과 바다〉

어니스트 헤밍웨이 | 민음사

그는 도금업자다. 투박한 그의 손엔 늘 검은 때가 묻어 있다. 손가락은 손등에 비해 야위었으나 끝이 뭉툭했고, 그중 몇 개는 눈에 띄게 구부러져 있었다. 손톱은 성한 것이 없었다. 깨지고 쪼개지고 훼손되거나 아예 빠진 손톱도 있었다. 은행에서 요구하는 각종 서류에 자필을 할 때마다 나는 그의 손을 눈여겨보곤 했다. 기계에 말려 들어갔었다는 오른쪽 엄지손가락은 보기에도 딱했다. 펜을 쥔 손이 불안해 보였지만, 그는 틀리지 않으려고 한 자 한 자 또박또박 썼다. 험하고 고단했던 지난 세월이 고스란히 묻어 있는 그의 손을 보면서 멀쩡한 내 손이 부끄러웠다.

공단 내 작고 허름한 사업장은 그의 삶의 텃밭이다. 300평 남짓한 땅에 구색 갖춰 지어 놓은 건물 외벽에는 그의 손처럼 고난의 때가 묻어 있다. 몇 안 되는 직원들을 모아 사업을 시작한 지 이십여 년이 지났다. 힘들기는 예전이나 지금이나 마찬가지. 자금난, 인력난, 경영난에 차이고 버티고 떼이면서 모진 세월을 견뎌 냈다. 성난 파도처럼, 거센 폭풍처럼 달려드는 고비들을 막아 내다 보면 오래된 두 손의 상처 위에 새로운 상처가 얹어졌다. 찢기고 꺾인 상처마저 세월이 지나고 보니 이제는 살의 일부가 되어 버렸단다.

살이 상처가 되고, 상처가 살이 되어 버린 그의 손을 볼 때마다 어니스트 헤밍웨이의 《노인과 바다》를 떠올린다. 멕시코 만의 한 고기잡이 노인의 손에 깊이 파인 상처가, 상어 떼와 사투를 벌이면서도 결코 운명에 굴하지 않던 의지가 떠오른다.

인간은 패배하도록 창조되지 않았다

1952년 헤밍웨이는 유람선을 타고 쿠바 해안을 지나가던 중 작은 배에 탄 노인이 커다란 청새치 한 마리와 사투를 벌이는 모습을 목격한다. 헤밍웨이가 탄 배는 노인을 도와 청새치를 끌어 올렸다. 가까스로 목숨을 건진 노인이 배 위로 올라와 헤밍웨이에게 물 한잔을 청했다. 헤밍웨이는 노인에게 물 대신 시원한 맥주를 건네주었다. 둘은 자연스럽게 친구가 되었다. 헤밍웨이가 《노인과 바다》를 쓰게 된 배경이다.

멕시코 만류에서 물고기를 잡는 늙은 어부 산티아고는 84일째 한 마리도 잡지 못했다. 노인을 따르던 소년 마놀린이 다른 배를 타게 되어 그는 혼자서 먼바다로 나간다. 노인은 깡마르고 목덜미에 주름이 깊었다. 햇볕을 오래 쏘인 탓에 두 뺨엔 갈색 반점이 넓게 번져 있었고, 양쪽 손엔 밧줄을 다루면서 생긴 상처가 깊게 파여 있었다. 그 상처는 새로 생긴 것이 아니라, 오랜 세월 그의 손에서 침식되고 풍화된 상처들이었다.

이틀 동안 배 위에서 고전하던 노인은 마침내 커다란 청새치 한 마리를 잡는다. 그의 고깃배보다도 큰 5.5미터짜리 청새치였다. 낚싯줄에 걸린 청새치가 그의 배를 끌며 바다를 선회하는 동안 그는 손에 쥐가 나고 기력이 없어지기도 했으나 끝까지 포기하지 않는다.

"이따위 고기하고 맞서다가 죽을 수는 없지. 저토록 멋지게 저 놈이 다가오고 있으니, 하느님, 제발 버틸 수 있는 힘을 주소서. 주 기도문을 백 번 외우고, 성모송을 백 번이라도 외겠습니다. 물론 지금은 욀 수가 없지만요."

이틀 밤낮에 걸친 싸움을 끝내고 드디어 거대한 수확물을 얻은 순간 그는 그제야 손과 등에 난 상처를 알아차린다. 바닷물에 상처를 씻으며 그는 생각한다.

"두 손의 상처는 곧 낫겠지. 피를 닦아 냈으니 소금물이 낫게 해 줄 거야. 만의 깊은 바닷물보다 더 좋은 약은 없지 이제 나는 오직 정신을 똑바로 차리고 있기만 하면 되는 거야. 두 손은 할 일을 모두 잘 끝냈고, 우리는 지금 무사히 항구로 돌아가는 중이야."

그로부터 한 시간 뒤 피 냄새를 맡은 상어 떼가 습격해 왔다. 좋은 일이란 오래가는 법이 없다고 생각한 노인은 한낱 꿈이기를 바라다가도 다시 희망을 붙잡는다.

"인간은 패배하도록 창조된 게 아니야. 인간은 파멸당할 수는 있을지 몰라도 패배할 수는 없어."

"희망을 버린다는 건 어리석은 일이야. 더구나 그건 죄악이거
든. 죄에 대해서는 생각하지 말자. 지금은 죄가 아니라도 생각할
문제들이 얼마든지 있으니까. …… 죄에 대해 생각하는 일로 벌어
먹는 사람들에게나 맡기면 돼. 고기가 고기로 태어난 것처럼 난
어부로 태어났으니까."

"바보 같은 생각은 이제 그만하자. 정신 똑바로 차리고 키나 잡
아. 이제부터라도 행운이 찾아올지 어떻게 알아. …… 행운을 파는
곳이 있다면 조금 사고 싶군. 하지만 뭣으로 사지?"

다시 상어 떼가 몰려들어 노인은 작살과 몽둥이로 노획물
을 지키려 한다. 이미 승산 없는 싸움이었다. 한 번, 또 한 번 죽을
힘을 다해 상어 대가리를 후려갈기고 부러진 몽둥이를 상어의 몸
뚱이에 내리꽂았지만, 이미 노인의 청새치는 뜯어 먹을 살점 하나
남아 있지 않았다. 마지막 상어 떼를 물리치고 돌아온 노인이 돛
대를 어깨 위에 걸머메고 집으로 가는 길, 뒤돌아본 배에는 머리
통과 등뼈만 앙상하게 남아 원래 형체를 알아볼 수도 없는 청새

치가 매달려 있었다.

판잣집에 도착할 때까지 다섯 번이나 쉬어야 할 만큼 녹초가 된 노인은 침대에 눕자마자 깊은 잠에 빠져 버린다. 이튿날 아침 판잣집을 찾아온 소년이 노인의 상처 난 두 손을 보고 눈물을 흘린다. 잠에서 깬 노인에게 소년은 커피를 건넨다.

"그놈들한테 내가 졌어, 마놀린. 놈들한테 내가 완전히 지고만 거야."

"할아버지가 상어한테 지신 게 아니에요. 고기한테 지신 게 아니라구요."

"그렇지. 정말 그래. 내가 진 건 그 뒤였어."

청새치를 상어 떼한테 빼앗기기 전에는 패배하지 않았다는 노인의 말이다. 비록 살점 하나 없이 모조리 먹혀 버린 청새치의 사체만이 남았지만, 자신의 목표였던 대어를 낚았기에 그는 승리한 것이다.

승리란 패배를 딛고 일어서는 것

시련과 역경은 우리 주위에 상주하는 반갑지 않은 식객이다. 우리의 희망을 야금야금 씹어 먹으며 절망으로 되갚아 주기도 하고, 삶의 의지를 주저앉히기도 하며, 때론 삶을 송두리째 빼앗아 버리기도 한다. 상어 떼와 피나는 싸움을 벌이면서도 산티아고는 자신의 나이나 고독, 악조건에 굴복하지 않았다. 자신이 애써 잡은 노획물을 상어 떼들에게 빼앗기면서도 결코 절망하거나 포기하지 않았다. 오히려 현실을 긍정하고 자신감을 놓지 않았다. 승리란 패배를 딛고 일어서는 것, 죽을힘을 다해 포기하지 않는 것임을 《노인과 바다》는 보여 주고 있다.

백조는 평생 울지 않다가 죽기 직전에 단 한 번 아름다운 울음소리를 내고 죽는다고 한다. 흔히 예술가들의 마지막 작품을 '백조의 노래Swan Song'라 하는데, 《노인과 바다》는 엽총으로 자살한 헤밍웨이가 남긴 백조의 노래이다. 이 작품으로 헤밍웨이는 1953년에 퓰리처상을, 1954년에는 노벨문학상의 영예를 거머쥐었다.

올해는 헤밍웨이가 퓰리처상을 받은 지 60년이 되는 해다. 노벨문학상 선정 위원회는 《노인과 바다》를 '폭력과 죽음의 그림자가 짙게 드리워진 현실에서 선한 싸움을 벌이는 모든 개인에 대한 존경심을 다루고 있는 작품'이라 평했다. 헤밍웨이는 이 작품을 통해 삶의 환희와 허무, 영광과 상처, 강인한 생명력을 굵고 강렬한 필치로 그려 내고 있다. 그가 풀어내려고 하는 것들은 삶의 뜨거운 요소들이다. 인생의 황혼기에 거둔 산티아고의 승리가 더욱 찬란한 감동으로 다가오는 이유가 여기에 있다.

희망을 지닌 그들은 패배하지 않는다

1997년 우리나라는 IMF라는 경제적 재앙을 겪었다. 기업들의 줄도산과 대량 실직으로 사람들은 오갈 곳을 잃고 거리를 헤맸다. 남아 있는 이들도 언제 내몰릴지 모르는 공포에 숨을 죽였다. 중산층이 몰락하고, 가정은 해체되었다. 부양 능력을 잃은 아버지는 양복을 입은 채 등산을 가고, 영문도 모르고 버려진 아이들은 가서는 안 될 길을 갔다. 당시 4천 명 감원을 단행했던 제일은행의 〈눈물의 비디오〉는 은행권의 위기와 암울한 현실을 여실히 보여 주었다.

10년 후 미국발 금융 위기라는 대형 쓰나미가 왔다. 세계 전체가 광우병에 걸린 듯 미쳐서 돌아갔다. 매일 폭등과 폭락이 반복되며 최고점과 최저점을 찍었고, 자고 나면 지구 어디에선가 나라 하나가 반 토막이 났다. 종말론이 고개를 들고, 희망은 다시 절망으로 바뀌었다. 위기가 기회라고 했지만, 그 기회는 좀처럼 쉽게 오지 않았다. 사람들은 분노했다. 분노의 파도는 고스란히 국내 업계에도 전해져 야반도주하는 사장이 속출했다.

불황과 불신, 불안의 먹구름은 아직도 우리 주위를 맴돌고 있다. 그래도 사람들은 하늘이 무너져도 어딘가에 솟아날 구멍이 있다는 희망으로 산다. 오늘도 망망대해의 산업 현장에서 대어를 꿈꾸는 많은 산티아고들을 본다. 위기의 폭풍과 고난의 상어 떼를 만나 치열한 싸움을 벌이고 있는 그들의 상처 입은 손을 본다. 냉혹한 시장, 무한 경쟁, 불확실한 미래에 인생을 건 그들의 고독한 등을 본다. 그들은 패배하지 않을 것이다. 헤밍웨이의 말처럼 '인간은 패배하도록 만들어지지 않았으니' 말이다.

그들은 나이를 먹을수록 자꾸만 작아진다

……

보이지 않는 적과 싸우며 작아지고

수많은 모임을 갖고 박수를 치며 작아지고

권력의 점심을 얻어먹고 이를 쑤시며 작아지고

배가 나와 열심히 골프를 치며 작아지고

칵테일파티에 가서 양주를 마시며 작아지고

이제는 너무 커진 아내를 안으며 작아진다

- 김광규, 〈작은 사내들〉.

봄꽃들이 와르르 피어나던 어느 날, 50대 중후반으로 보이는 '작은 사내들'의 점심 식사가 한창이다. 말이 점심이지, 사실은 술자리다. 불판 위에 올려놓은 전골이 끓기도 전에 잔은 쉴 새 없이 이쪽저쪽을 오간다. 여성들 못지않게 남성들도 모이면 입이 바쁘다. 죽었던 청춘이 되살아나고, 화려했던 경력이 부활한다. 목소리가 커지고, 눈동자에 불이 켜진다. 젊었을 때는 누구나 신성일이고 이대근이었다.

취기가 오른 한 사내가 상 봐주는 젊은 아낙에게 객쩍은 농담을 던져 본다. 반응이 없다. 어떻게 해서든 관심을 끌어 보려 추가로 몇 마디 던져 보아도 돌아온 대답은 "낙지부터 드세요"다. 다들 머쓱해졌다.

청년이 던지는 건 '추파秋波'고, 중년이 던지는 건 '추파醜波'인가. 중년의 조락이 참 쓰다. 외모가 밥 먹여 주고, 중년도 '꽃중년'이라야 대접 받는 세상이다. '예전엔 못살면 하층민이라 했는데, 요즘엔 늙어 보이면 하층민'이란다. 페이스 팝콘, 애덤 한프트 공저의 《미래 생활 사전》에 나오는 말이다. 중년들이여, 주름과 탈모가 우리를 서글프게 하더라도 잠시 이 남자에게 주목해 보자. 오스카 와일드의 장편 《도리언 그레이의 초상》이다.

영원한 젊음을 꿈꾸며 영혼을 팔다

조각처럼 완벽한 외모를 지닌 스무 살 청년 도리언 그레이. 그는 화가 바질이 그려 준 초상화를 보고 자신의 아름다움을 깨닫는다. 그리고 눈부신 외모를 영원히 간직하고 싶다는 허황된 욕망을 품는다. 그를 지켜보던 헨리 경이 말한다.

"미모는 천재성의 한 형태라네. 아니, 사실상 천재성보다 훨씬 우월하지. 따로 설명할 필요가 없으니까 말이야. …… 신은 자네에게 가장 완전한 모습을 부여해 주었어. 하지만 신이 준 것은 신이 냉큼 앗아가 버리고 말지. …… 시간은 자네를 시기한 나머지 백합 같고 장미 같은 미모에 전쟁을 선포할 걸세. 혈색은 누렇게 변하고, 빰은 핼쑥해지며, 눈에는 총기가 사라질 거야. …… 오, 청춘! 청춘! 세상에 청춘만 한 것은 결코 없다네!"

헨리 워튼 경은 소설을 이끌어 가는 주요 인물이다. 헨리 경은 초상화를 그린 화가 바질의 친구이자 뛰어난 독설가로, 도리언 그레이를 부추기며 타락의 길로 유혹한다. 헨리 경의 말에 도리언 그레이는 자신 대신 초상화가 늙기를 바라며, 그럴 수만 있다면 자신의 영혼이라도 팔겠다고 한다. 결국 그의 소원은 이루어진다. 그는 영원한 젊음과 은밀한 쾌락, 끔찍한 죄악들을 취하기로 결심하고, 그 모욕감과 수치심은 초상화에 떠넘긴다.

사랑하던 애인을 절망에 빠뜨려 자살하게 하면서 도리언 그레이의 악행은 시작된다. 그가 추악한 짓을 저지를 때마다 초상화는 조금씩 일그러진다. 그가 변하지 않는 젊음을 담보로 퇴폐와 향락을 즐기고 살롱과 아편굴의 문턱을 넘나드는 동안 초상화는 점점 흉측하고 혐오스러운 얼굴로 변하는 것이다. 그가 악마에게 영혼을 팔아 젊음을 샀다는 소문까지 돌자 보다 못한 화가 바질이 찾아간다.

"죄는 사람의 얼굴에 저절로 드러나는 법이지. 감출 수가 없어. 사람들은 간혹 비밀스러운 악덕에 대해 말하지만, 세상에 그런 건 없네. 어떤 비열한 인간이 부도덕한 짓을 저질렀다면 입가의 주름에서, 축 늘어진 눈꺼풀에서, 심지어 손의 생김새에서도 고스란히 드러나게 되어 있어.”

충고를 들은 도리언 그레이는 자신의 영혼을 보여 주겠다
며 바질을 초상화가 있는 방으로 안내한다. 희미한 빛 속에서 역
겨운 미소를 띠고 있는 화폭의 얼굴을 보는 순간 바질은 경악한다.
세상에 이럴 수가! 음탕한 입, 멍한 눈동자, 악랄한 호색한의 표정
을 지닌 그림을 보고 바질은 도저히 자신이 그렸다고 할 수 없었
다. 충격과 공포에 휩싸인 바질이 참회의 기도를 하는 동안 도리
언 그레이는 주체할 수 없는 증오심을 느끼며 ‘이젠 너무 늦었다’
며 등 뒤에서 칼을 꽂는다.

“아! 세월의 짐은 초상화가 모두 떠맡고 자신은 영원한 젊음을
유지하여 흠 없이 환한 빛만 발하게 해 달라고 기도했던, 오만과
정념으로 똘똘 뭉친 극악무도한 순간들이여! 그의 모든 타락들은
바로 그 기도 때문이었다. 차라리 죄를 지을 때마다 그 즉시 확실
하게 벌이 내려졌다면 좋았을 것을. 차라리 벌을 받았더라면 영혼
은 정화되었을 텐데. 가장 공정한 신에게 바치는 인간의 기도는 ‘우
리 죄를 용서하시고’가 아닌 ‘우리 죄를 벌하시고’가 되어야 했다.”

도리언 그레이의 삶을 산산이 파괴한 것은 그토록 바랐던 젊음과 미모였다. 그에게 젊음은 가짜였고, 미모는 가면에 불과했다. 양심이 주는 고통과 번민으로 괴로워하던 도리언 그레이는 새 삶을 살겠다는 결심을 하고 초상화를 없애기로 한다. 자신의 타락한 행위들을 낱낱이 알고 있는 초상화만 없어진다면 모든 죄악에서 자유로워지리라 생각했다. 방탕했던 과거가 사라지고 다시 평온이 찾아오리라 생각했다.

그는 칼을 들어 교활하게 웃고 있는 초상화를 향해 칼을 꽂았다. 순간 비명과 굉음이 울렸다. 잠에서 깬 하인들이 성급히 방으로 들어왔다. 그들을 기다린 것은 아름다운 청년을 그린 초상화와 칼에 찔려 죽어 있는 쇠약하고 추한 노인이었다. 하인들은 노인의 손에 끼인 반지를 보고서야 누구인지 알 수 있었다.

예술을 위한 예술을 추구한 탐미주의

《도리언 그레이의 초상》이 처음 잡지에 소개되었던 1890년 영국은 산업 성장과 함께 경제적 평화가 지속되던 시기였다. 빅토리아 시대 후기인 1870년부터 시작된 유미주의 운동은 엄격하고 위선적인 도덕률에 반기를 들면서 오스카 와일드와 같은 작가들은 탄생시켰다. 소설에 심심찮게 나오는 헨리 경의 말들은 오스카 와일드를 대변하듯 신랄하고 날카롭다.

"그동안 애써서 억압해 온 그 모든 충동들이 우리의 정신 속에
알을 품고 부화해 우리를 독살시키고 있는 거지. …… 유혹을 없
애는 유일한 방법은 유혹에 굴복하는 것뿐."

"무지하고 평범하고 천박한 이들에게 자네의 인생을 내맡겨 황
금 같은 젊은 날을 낭비하지 말게."

"우리 모두가 다른 사람을 대단히 좋게 생각하려는 이유는 모
두들 자기 자신에 대해 몹시 걱정하기 때문이지. …… 계좌 잔고
보다 더 많은 돈을 인출할 수도 있지 않을까 하는 기대 때문에 은
행원을 칭찬하는 거고, 내 주머니만은 건드리지 않길 바라는 마음
때문에 노상강도에게서 장점을 찾으려 드는 거지."

"우리나라 사람들은 장부를 작성할 때 어리석음은 부로, 악덕
은 위선으로 균형을 맞추지."

이런 독설들을 내뱉으니 보수층이 곱게 봐줄 리 없었다. 평

론가들은 얼간이가 쓴 타락한 작품이라고 비난을 퍼부었다. 그럼에도 '예술은 예술 자체를 위해 존재한다'는 오스카 와일드의 탐미주의에 독자들은 열광했다. 지금도 그의 묘비는 헌사를 아끼지 않는 팬들의 키스 자국으로 가득하다.

아름다움이 어찌 청춘만의 전유물인가

"청춘이란 무엇이던가. 기껏해야 미숙하고 설익은 시간, 얄팍한 감정과 불안한 생각들로 가득한 시간이 아니던가."

소설의 말미에 나오는 작가의 경구이다. 책을 덮고 난 뒤에도 이 말이 명치끝에 걸려 내려가질 않았다.

나이 들면 부드러워져야 할 것은 딱딱해지고, 딱딱해져야 할 것은 부드러워진다는 우스갯소리가 있다. 중년은 알 수 없다. 청춘의 아침을 지나 불혹의 정오를 지난 지금, 내가 인생의 몇 시쯤을 지나고 있는지. 누구는 사십이 넘으니 천국이 보이더라고 하고, 누구는 오십이 넘으니 귀신이 보인다라고 하지만, 평범한 중년들에게 보이는 건 성긴 머리카락과 무게를 못 이기고 늘어지는 뱃살, 깊어지는 주름이다. 청춘은 아프다고 말이라도 하지, 중년은 아파도 말도 못 한다. 아파도 울부짖을 수 없는 중년이다. 그래서 많은 중년들이 억울함을 보상받으려 얼굴 미화에 공과 돈을 들이는지도 모르겠다.

그러나 젊어지려는 욕망에 중독된 도리언 그레이와 같은 영혼이 되어서는 안 된다. 젊게 산다는 의미는 50대에도 20대의 외모를 갖는 것이 아니다. 젊은이들과 소통하며 사는 것, 젊은 에너지를 공유하는 것이다. '눈주름은 웃음을 끌어당긴 흔적'이라고 문태준 시인은 말한다. '금이 간 그릇에 물이 조금씩 새어 나오듯이 눈에서 살짝살짝 번지는 웃음이야말로 얼마나 고혹적인 웃음이냐'는 시인의 말에 기꺼이 동의해야 한다.

아름다움이 어찌 청춘들만의 전유물이겠는가. 소설가 배수아의 말처럼 '청춘은 덜 익은 풋사과의 시고 떫은 푸른색'이다. 청춘을 흉내 내지 말자. 이미 해볼 건 모두 해보지 않았는가. 이젠 중년의 색을 입자. 한 입 베어 물면 농익은 단물이 흐르는 붉은 사과색으로, 봄꽃보다 화려한 단풍의 원색으로!

24

아버지로
산다는 것

—

〈아버지의 편지〉

정민·박동욱 | 김영사

　금형을 제작하는 A 사장은 기러기 아빠다. 유학 간 자식들 뒷바라지한다고 아내와 생이별한 지 올해로 6년째다. 처음엔 자식들을 위해 뭘 못 하겠냐는 생각에 덜컥 결정한 일이었다. 공교육에 대한 실망과 신맹모新孟母를 자처하는 아내의 교육열도 한몫을 했다.

　'이 정도 희생쯤이야' 했던 처음의 결심이 날이 갈수록 흔들린다. 매달 보내야 하는 학비와 생활비도 부담스럽다. 형편이 예전 같지 않기 때문이다. 납품하던 제품에 클레임이 발생해 단가는 떨어지고 주문량마저 줄었다. 환율까지 덩달아 오를 때면 뒷목이 다 뻣뻣해진다. 설상가상으로 2년 전엔 세금 폭탄까지 맞았다. 할 수 없이 아파트 평수를 줄여 이사했지만, 마음속 공실은 더욱 넓어지고 휑해졌다.

아버지라는 이름으로

혼자 먹는 밥이 싫어 저녁은 주로 외부 술자리에서 해결한다. 그러다 보니 몸도 마음도 녹이 스는 것 같다. 건강 검진받으러 가기가 두렵다. 요즘 거울을 보면 늙고 초췌한 낯선 남자가 마주 서 있다. 주민등록등본에 덩그러니 홀로 놓인 이름 석 자 밑으로 태평양보다도 넓은 공란이 보인다.

하루가 멀다 하고 오던 연락도 뜸해지고, 어쩌다 오는 전화는 대부분 돈 얘기다. 명절이나 휴가를 맞아 찾아가면 부쩍 자란 아이들을 대하기가 서먹서먹하다. 아버지가 아니라 손님이 된 느낌이다. 당초 머물기로 했던 날짜를 채우지 못하고 이삼일 앞당겨 돌아오기도 한다. 왜 벌써 가냐고 묻는 아내에게 바쁘지도 않은 일 핑계를 댄다. 붙잡지도 않는다. 그래서 더 서운하다. 돌아오는 비행기 화장실에서 소리도 못 내고 운 적도 있다. 마음 놓고 울 수도 없고, 울 곳도 마땅치 않다. 이것이 아버지란 이름인가.

2010년 통계청 자료에 의하면 A 사장 같은 기러기 가정이 우리나라에 115만 가구가 넘는다고 한다. 열 집 중 한 집이 기러기인 셈이다. 외로움을 견디다 못해 목숨을 끊는 기러기 아빠의 안타까운 사연도 이제는 새로운 뉴스가 아니다. 미국 〈워싱턴포스트〉는 우리나라의 이런 현실을 '희생이 아닌 도박'이라고 보도했다. 희생이 도박으로 둔갑하다니, 참 기막힌 일이다.

A 사장의 얘기를 듣고 있으면 '아버지'란 이름에 '통증'이 느껴진다. 외로워서 아프고, 힘들어서 아프고, 정말 아파서 아픈 기러기 아빠의 통증 말이다. 이제 아버지의 역할은 예금 잔고와 재산 목록 속에나 있는 것일까. 아버지의 아버지로부터 받은 권위와 부성은 어디로 갔을까. 옛날 아버지들의 편지 속에서나 찾아볼 수 있을까.

이황이 보내는 편지

"네가 지금 부지런히 공부하지 않으면 세월은 쏜살같이 흘러가서 한번 가면 뒤쫓기가 어렵다. 끝내 농부나 병졸이 되어 일생을 보내려 한단 말이냐? 천 번 만 번 마음에 새겨 소홀함이 없어야 할 것이다. 가을걷이 같은 일은 비록 성근 구석이 있더라도 공부하는 사람이 마음에 두어서는 안 된다."

"답안지가 등수 안에 들지 못한 것은 네게 당연하다. 안타깝구나. 하지만 이는 네가 평일에 게을리 논 결과이니, 다시 누구를 허물하겠느냐? 다만 더욱 노력해서 진보할 것을 도모해야지, 스스로 풀이 죽어 의기가 꺾여서는 안 된다."

위의 글은 공부에 자신 없어 하는 아들이 못내 실망스러웠던 이황이 1542년 아들에게 보낸 편지이고, 아래의 글은 나이 서른이 다 되어서야 과거 준비를 하는 아들을 위해 1551년에 쓴 편지이다. 영남학파의 총수이며 유학의 큰 흐름이었던 퇴계도 뜻대로 되지 않는 일이 자식 일이었던 듯하다. 과거 시험 날짜는 다가오는데 하라는 공부는 안 하고 엉뚱한 생각만 하고 있으니, 그 속이 얼마나 답답했겠는가. 다그치고, 혼내고, 당부하고, 노심초사하는 아버지 이황의 모습이 행간에 역력하다.

정약용이 보내는 편지

"내가 전에도 여러 번 말했다. 청족淸族은 비록 독서를 하지 않아도 저절로 존경을 받지만, 폐족廢族인데도 식견이 모자라면 더욱 가증스럽지 않겠느냐. 사람들이 천시하고 세상이 비루하게 여기는 것도 슬퍼할 만한데, 지금 너희들은 또 자신을 천하게 여기고 자신을 비루하게 여기니, 이는 스스로 만든 일이라 슬퍼할 만하다."

"재물을 감추려면 남에게 베푸는 것이 가장 좋다. 도둑이 훔쳐 갈 걱정도 없고, 불에 타 버릴 염려도 없으며, 소나 말에 실어 힘들게 나르지 않아도 거뜬히 간직할 수 있고, 몸이 죽은 뒤에도 천 년토록 이름이 전해지니, 세상에 이처럼 큰 이익이 어디 있겠느냐?"

"천하에는 두 가지 큰 기준이 있다. 하나는 '옳음과 그름'이라는 기준이고, 다른 하나는 '이득과 손해'라는 기준이다. 이 두 가지 큰 기준에서 네 가지 큰 등급이 생겨난다. 옳음을 지켜 이득을 얻는 것이 최상이다. 그다음은 옳음을 지키다 손해를 입는 것이다. 또 그다음은 그름을 좇아 이득을 얻는 것이다. 최하는 그름을 좇다가 손해를 입는 것이다."

위의 3통의 편지는 다산 정약용이 유배지 강진에서 아들들에게 보낸 편지다. 집안이 화를 당해 절망에 빠져 있는 두 아들을 준엄하게 꾸짖는 다산이 보인다. 첫 번째 편지는 출세의 길이 막혀 버려 이제야 참다운 공부를 하게 되었다며, 독서에 매진할 것을 강조하고 있다. 두 번째 편지는 눈에 보이는 재물을 탐하지 말고 정신적인 가치를 지향하라고 가르친다. 세 번째 편지는 유배에서 풀려나기 2년 전에 장남에게 보낸 편지이다. 큰아들 학연이 아버지의 석방을 위해 요직에 있던 관리들에게 선처를 부탁한 것에 대해 사리를 따지며 단호하게 야단을 치는 내용이다. 유배를 좀더 살면 살았지, 비굴하게 풀려나지는 않겠다는 다산의 대쪽 같은 성격이 그대로 드러난다.

박지원이 보내는 편지

"고추장 작은 단지 하나를 보내니 사랑방에 두고 밥 먹을 때마다 먹으면 좋을 게다. 내가 손수 담근 건데 아직 푹 익지는 않았다. 보내는 물건 : 포脯 세 첩, 곶감 두 첩, 장볶이 한 상자, 고추장 한 단지."

"너의 첫 편지에서는 '태어난 아이가 미목眉目이 수려하다'고 했고, 두 번째 편지에서는 '차츰 충실해지는데 그 사람됨이 그리 평범치 않다'고 했으며, 간이(연암의 둘째 아들)의 편지에서는 '골상이 비범하다'고 했다. 도대체 이마가 넓다든지, 툭 튀어나왔다든

지, 모가 졌다든지, 정수리가 평평하다든지, 둥글다든지 하는 식
으로 왜 일일이 적어 보내지 않는 거냐? 궁금하다. …… 전후에 보
낸 쇠고기 장볶이는 잘 받아서 조석간에 반찬으로 하니? 왜 한 번
도 좋은지, 어떤지 말이 없니?"

"종이 사정이 몹시 안 좋으니 갖고 있는 종이 두루마리와 편지
지를 찾아서 보내 주면 어떻겠니? …… 남초南草 한 근은 관에서
정한 값이 4전인데 맛이 별로다. 행랑아범이 파는 남초는 어디서
사온 것이며, 값은 얼마냐?"

연암 박지원이 아들에게 보낸 편지이다. 퇴계나 다산과는
달리 개인적이고 소소한 일들을 담고 있다. 글에 격식이나 꾸밈이
없어 연암의 인간적인 면을 접할 수 있다. 연암은 부인과 사별한
뒤 재혼을 하지 않고 홀로 살았다. 그래서인지 고추장을 손수 담
가 보내 줄 만큼 자식에 대한 마음이 애틋했다. 두 번째 편지에는
맏손자가 태어났는데 멀리 있어 보질 못해 생김새를 궁금해하는
들뜬 심경이 담겨져 있다. 세 번째 편지에서는 담배를 유난히 좋
아했던 연암이 군수로 지내던 면천 지역의 담배가 맛이 없다며 행
랑아범이 파는 담배를 구해 오라는 주문을 하고 있다.

18세기 조선 문인들에게 《열하일기》 열풍'을 몰고 온 연암 박지원. 실학파의 수장이며 당대 최고의 문장가였던 그도 자식들에게는 걱정과 잔소리가 끊이지 않았던 평범한 아버지였다.

아버지라는 마음으로

예나 지금이나 아버지는 그곳에 있다. 자식에 대한 무한 책임자로 아버지는 늘 그곳에 있는 사람이다. 공장이든, 술집이든, 유배지든, 영정 사진에서든 아버지는 자식을 향해 있다. 우리는 아버지를 모른다. 그가 왜 웃음이 없는지, 왜 울음이 없는지, 왜 화를 내는지, 왜 화를 안 내는지. 아버지는 속으로 웃고 울고, 속으로 화 내고 참는다는 사실을 모른다.

기러기 아빠 A 사장은 지갑 속에 가족들과 함께 찍은 사진을 늘 넣고 다닌다. 유학 가기 전 사진관에서 찍은 사진이다. 그는 가족들도 지갑 속에 같은 사진을 넣고 다닐 거라 생각한다. 사진 속 가족들은 머나먼 이국땅에 있어도 그는 지갑 속에, 아니 가슴 속에 가족들을 늘 품고 다닌다.

그에게 유일한 희망은 '희망을 잃지 않는 것'이다. 학업을 잘 마치고 훌륭한 성인이 되어 돌아올 자식들 생각에 그는 오늘도 용기를 내어 구매 업체의 문을 두드린다. 단가 협상을 하기 위해서다. 줄어든 주문량도 다시 받아 올 생각이다. '그까짓 것 부딪쳐 보는 거야. 이 정도 고생쯤이야' 하고 각오를 다진다. 체재비 송금을 하고 은행 문을 나서는 그의 등을 보면서 김현승 시인의 시 〈아버지의 마음〉의 몇 구절을 떠올렸다.

바쁜 사람들도

굳센 사람들도

바람과 같던 사람들도

집에 돌아오면 아버지가 된다.

……

집에 돌아오면 아버지가 된다.

아버지의 때는 항상 씻김을 받는다.

어린 것들이 간직한 그 깨끗한 피로…….

금슬상화琴瑟相和, 부부간의 사랑을 두고 하는 말이다. 현이 다른 거문고와 비파를 잘 타야 좋은 소리를 낼 수 있다는 뜻이다. '부부 금슬이 좋다'는 말이 여기서 나왔다. 다반향초茶半香初도 있다. 차를 반쯤 마셨는데도 향기는 처음처럼 한결같다는 뜻으로, 변함없는 사랑을 뜻한다. 이 밖에도 여고금슬如鼓琴瑟, 부창부수夫唱婦隨, 백

년해로百年偕老, 천정배필天定配匹 등이 있다. 모두 부부의 사랑을 담은 사자성어들이다.

세 쌍 중 한 쌍이 갈라서고 결혼 20년차 황혼 이혼이 9년차 이혼을 앞지르는 현실 앞에 이런 사자성어들의 지고지순함은 무색해진다. 님이라는 글자에 점 하나만 찍으면 쉽게 남이 되는 사이가 부부다. '부부 싸움은 칼로 물 베기'라는 말을 순순히 받아들이는 사람은 이제 없다. 돈 문제, 자녀 문제, 성격 차이, 배우자의 외도 등 부부 싸움의 원인들은 부지기수다. 그 근원을 거슬러 올라가면 간단명료한 한 가지 명제에 도달한다. 그것은 '남자와 여자는 근본적으로 다르다'는 것이다.

남자와 여자, 틀리지 않고 다를 뿐이다

남자와 여자는 분명히 다르다. 우열을 말하는 바가 아니다. 《말을 듣지 않는 남자, 지도를 읽지 못하는 여자》를 쓴 앨런 피즈와 바바라 피즈는 남녀 사이에 유일하게 같은 점이 있다면 '동일한 종種에 속한다는 것'이라고 했다.

남자는 오로지 용변을 보기 위해 화장실에 간다. 여자에게 화장실은 사교의 장소다. 남자는 TV 리모컨을 쉴 새 없이 누르며 채널을 바꾼다. 뭔가 새로운 것을 찾기 위해서다. 여자는 아니다. 자기만의 고정 채널이 있다. 채널을 쉽게 바꾸지 않는다. 여자들은 칫솔질을 하면서 걸어 다니거나, 얘기를 하거나, 심지어 테이블을 닦기도 한다. 대부분의 남자는 대단히 어려운 행동이라고 생각한다.

남자는 '한 번에 하나씩'에 익숙해져 있다. 남자는 동시다발로 일을 처리하는 여자를 이해하기 어렵다. 운전을 하며 화장을 하는 여자를, 전화를 하면서 요리를 하는 여자를, 라디오를 켜 놓고 수다를 떠는 여자를 받아들이기가 어려운 것이다. 운전을 하다 전화를 받는 남자들의 첫 번째 행동은 라디오를 끄는 일이다.

부부간에 절대 해서는 안 될 것이 폭력, 불륜, 그리고 운전 연수다. 뒤늦게 운전면허를 취득한 K 여사의 '남편과 함께한 도로 주행' 실화는 눈물겹다. 남편에게 절대 운전을 배우지 말라는 얘기가 남의 얘기인 줄만 알았단다. 겪어 보니 세상에 그런 웬수(?)가 없더란다.

스피드광인 남편에게 K 여사의 운전이 성에 찰 리 없다. 머리가 나쁘다는 둥, 운전 감각이 없다는 둥 남편의 잔소리가 심해지자 참다못한 K 여사는 도로에 차를 세우고 남편과 언쟁을 벌였다. 급기야 빚보증 얘기, 집안 제사 얘기까지 나와 사태가 악화되는 바람에 차에서 내려 택시 타고 집에 와 버렸다고 한다. 남녀의 차이를 극복하지 못해 생긴 씁쓸한 사례다.

남자는 공간 지능이 탁월하다. 속도, 거리, 각도를 측정하는 능력이 뛰어나다. 남자들이 골프, 축구, 농구, 야구 등에 열광하는 것은 당연하다. 사냥꾼으로 진화해 온 남자들에게는 장거리에 맞는 체력과 기술이 요구되었고, 사냥감을 뒤쫓고 정확하게 잡기 위해 사격 솜씨도 갖추어야 했다. 남자의 능력은 자신의 기량을 발휘하여 잡아 온 먹잇감의 결과로 평가되었다. 지금과 크게 다르지 않다. 공간 지능이 뛰어난 남자들은 어느 방향으로 가야 하는지를 쉽게 찾아낸다. 한 번 간 곳을 잊어버리지 않는 이유도 남자들의 우수한 방향 감각 때문이다. 그러니 운전이야말로 남자들의 공간 지능과 방향 감각을 십분 발휘할 신나는 영역인 것이다.

남자에 비해 여자는 동굴에서 아이를 키우고 과일, 채소 등을 기르며 가정을 잘 꾸려야 하는 능력이 필요했다. 남자가 잡아 온 먹잇감을 안전하게 잘 보관해야 했다. 그러려면 동굴 밖의 사소한 기미를 신속하게 알아차려야 했다. 여자들이 눈치와 육감이 뛰어난 것도 진화의 산물이다. 자식들의 표정이나 행동에서 배고픔, 기쁨, 괴로움, 공포 등을 훤히 읽어 내는 기능이 자연스럽게 발달하였다. 동굴에 붙어 있는 시간이 별로 없었던 남자에 비해 여자에게는 가족과의 소통, 동료들과의 유대 관계가 중요했다.

서로 다르게 진화해 온 여자와 남자

　동굴 주변의 지형지물을 잘 활용해야 했던 여자는 장거리가 아닌 단거리에 뛰어나다. 남자는 오직 목표물인 먹잇감에만 집중하기에 시야가 좁다. 터널 시야다. 여자는 다르다. 주위의 잡다한 상황을 빠르게 파악해야 둥지를 지킬 수 있다. 주변 시야다. 남자는 멀리 있는 술집은 잘 찾아가면서 냉장고 안의 음식은 잘 못 찾는다. 여자들이 차의 앞뒤를 박는 경우는 주행할 때가 아니라 주차할 때다. 공간 지능, 방향 감각이 떨어지기 때문이다. K 여사가 운전이 미숙한 이유는 머리가 나빠서가 아니다. 진화를 하는 동안 남자와 여자에게 적용된 각각의 소프트웨어가 달랐기 때문이다.

　여자는 상대의 감정 변화를 귀신같이 파악한다. 피즈 부부에 따르면 여자는 표정이나 몸짓, 목소리의 떨림이나 어조 등을 통해 속마음을 꿰뚫어 보는 뛰어난 감각을 갖고 있다는 것이다. 동굴 생활에서부터 수천 년에 걸쳐 다져 온 감각이다. 중세 시대에는 여자의 능력을 이해하지 못한 남자들이 무고한 여자들을 마녀로 지목해 화형대로 보냈다. 철학관 간판을 내건 역술가들을 보라. 십중팔구는 여자다. 남자들이 하는 거짓말을 여자들이 귀신같이 알아차리는 것도 바로 여자에게 선천적인 감각이 있어서다.

　사냥꾼인 남자는 멀리서 풀을 뜯고 있는 멧돼지를 발견하면 그 멧돼지가 얼마나 빨리 움직이는지를 간파하는 것에만 열중할 뿐이다. 집중력이 궤도를 벗어나면 먹이를 놓친다. 상대가 한 말의 행간을 이해하고 내면을 읽는 것은 관심 밖이다. 예를 들어 남자가 '누구네 집 된장찌개는 참 맛있어'라고 하면, 여자는 '그럼 내가 만든 건 맛이 없단 말이지'라고 받아들인다. 여자가 빨간색 옷을 입고 남자에게 '자기야, 이 옷 잘 어울려?'라고 묻는다면 대단히 잘 어울린다고 칭찬해 달라는 뜻이다. 남자가 눈치 없이 아니라고 하면 곧바로 분위기가 냉랭해진다. '어차피 자기 마음대로 입을 옷을 도대체 왜 물어보냐'고 남자는 항변할 것이다. 억울해하지 말자. 여자들은 빙 돌려 말하는 간접 화법을 좋아한다.

싸움 끝에 여자들이 하는 말은 한결같다. '미안하다'는 한마디면 될 것을 끝까지 안 해서 사람 속을 뒤집어 놓는다고 말한다. K 여사도 같은 말을 했다. 여자들이여, 남자에게 '미안하다'는 말을 듣는 것은 차라리 포기하는 편이 낫다. 남자의 진화 프로그램에는 '사과' 항목이 없다. 남자는 자신의 잘못을 알아도 겉으로 말하지 않는다. 강인하고 용감해 보여야 하는 그가 사과를 하면 잘못을 시인하고 자신의 나약함을 인정하는 꼴이 되기 때문이다.

목표 지향 남자, 관계 지향 여자

여자는 하루에 큰 어려움 없이 6천~8천 개의 단어를 말한다고 한다. 원활한 의사소통을 위해 8천~1만 개의 제스처와 표정, 추가로 2천~3천 개의 소리를 사용한다. 종합하면 여자는 의사소통을 위해 하루 평균 2만 개 이상의 단어를 사용하는 것이다. 그러니 여자가 수다스럽거나 잔소리가 많은 것은 지극히 자연스런 현상이다. 어느 코미디언이 아내에게 육 개월 동안 말을 하지 못했다고 한다. 이유는 '자신이 끼어들 틈이 없어서'였단다.

남자는 하루 평균 7천 개의 단어를 쓴다. 여자에 비하면 1/3 수준이다. 다음의 대화는 피즈 부부가 든 사례를 우리 상황에 맞게 각색한 것이다.

> 부인 : 여보, 당신이 일찍 퇴근하니까 너무 좋아요. 오늘 하루
> 어땠어요?
>
> 남편 : 좋았어.
>
> 부인 : 김 부장이 그러는데, 오늘 박 사장 만났다면서요? 그 계
> 약 때문이에요? 잘되었으면 좋겠네요. 어땠어요? 잘되
> 었어요?
>
> 남편 : 잘됐어.

부인 : 아, 그럴 줄 알았어요. 그 박 사장 말이에요, 정말 까다로
운 사람이래요. 바늘로 찔러도 피 한 방울 안 나올 사람
이라고 하더라구요. 얼마 전 신도시에 아파트도 분양받
았대요. 그것도 부인 명의로요. 큰애는 군대 갔다 지난
달에 제대했는데, 학교 졸업하고 아버지 사업을 물려받
을 건가 봐요. 막내는 아직 고3이래요. 박 사장하고 앞으
로도 계속 거래가 잘될 것 같아요?

남편 : 응.

하루 종일 먹잇감을 찾아 헤매다 돌아온 남자는 쉬고 싶다.
말의 재고가 항상 쌓여 있는 여자들은 늘 대화하기를 원한다. 여
자들에게 수다는 일상적인 현상이다. 전화로 2시간을 넘게 통화하
고도 자세한 얘기는 만나서 하자는 게 여자다. 남자는 아니다. 사
냥에 길들여진 그들은 최소한의 말로 많은 정보를 전달해야 한다.
그들의 말은 짧고, 직선적이고, 해결 지향적이다. 로댕의 조각 〈생
각하는 사람〉이 여자를 모델로 했다면 〈말하는 사람〉이었을 것이
다. 남자와 여자는 달라도 너무 다르다.

남자와 여자는 서로 다른 의식 세계를 가지고 있다. 피즈 부
부의 분석에 따르면 남자의 의식은 결과의 획득, 목표의 성취, 지

위와 권력, 경쟁에서의 승리, 이익 달성 등에 집중되어 있다. 여자는 의사소통, 협조, 조화, 사랑, 공감, 다른 사람과의 관계 등을 중요하게 생각한다. 남자는 경쟁하고, 여자는 협조한다. 남자는 서열이 분명하다. 남자들은 경쟁자를 물리쳐 높은 지위를 얻고자 한다. 여자는 상호 친화적 관계를 선호하기 때문에 권위를 휘두르는 여자에게 거부감을 느낀다. 여자들의 '잘났어, 정말!'이란 말이 괜히 나온 것이 아니다.

최근 서구 5개 국가에서 남녀의 이상형에 대한 연구를 했다. 결과가 흥미롭다. 이상적 남자를 지칭하는 형용사는 과감한, 경쟁적인, 유능한, 지배적인, 존경받는, 실용적인 등이었다. 반면에 이상적 여자에 해당하는 말들은 따뜻한, 사랑하는, 관대한, 매력적인, 우호적인 등이 꼽혔다. 남녀의 지향점은 분명히 다르다. 사물과 목표, 힘이 지향하는 세계와 사람, 의미, 관계를 지향하는 세계의 공존 속에 우리는 살고 있다.

부부는 일심동체가 아니다

미국의 30대 대통령 캘빈 쿨리지 부부가 농장을 방문했다. 영부인이 닭장 앞에서 수탉이 암탉에게 거칠게 덤벼드는 모습을 보고 '짝짓기를 하루에 몇 번 하느냐'고 안내인에게 물었다. '열댓

번은 된다'는 대답을 들은 영부인이 안내인에게 '대통령께 그 말
좀 전해 달라'고 부탁했다. 얘기를 전해 들은 대통령이 '짝짓기를
하는 암탉이 늘 같은 암탉이냐'고 물었다. '매번 암탉이 바뀐다'는
대답에 대통령은 '아내에게 그 말 좀 전해 주겠소?'라고 말했다.

피즈 부부는 말한다. 남자의 성 충동은 가스레인지와 같다.
순간적이고 반복적이다. 여자의 성 충동은 전자 오븐이다. 서서히
가열되고 천천히 식는다. 남자의 성 충동은 종족 보존이라는 뚜렷
한 목적의식과 함께 진화되었다. 맹수나 침략자들로부터 잡히지
않기 위해 그들은 최단 시간에 해결해야만 했다. 되도록 멀리 종
족을 퍼뜨리기 위해서 원정도 마다하지 않았다. 미국의 킨제이연
구소는 사회적 억압이 없었더라면 거의 대부분의 남자가 성적으
로 문란했을 거라고 보고하고 있다.

여성은 남성과 다르다. 임신과 양육 기간이 길기 때문이기도
하지만, 기본적으로 여자에게 섹스는 '사랑'이라는 정서적인 공유
가 있어야 한다. 남자는 장소만 있으면 된다. 여자에게 사랑과 섹
스는 같은 말이다. 남자에게 사랑과 섹스는 개별적이다. 포르노를
원하는 남자와 로맨스를 원하는 여자의 차이다. 낭만을 좋아하는
여자가 꽃, 와인, 초콜릿 선물을 좋아하는 이유는 그 속에 로맨스
적인 요소가 담겨 있기 때문이다. 남자는 '어떤 일을 해주는 것'을

애정 표현이라 생각한다. 아내의 생일 선물로 자동차 수리 도구나 야구 경기 관람권을 사 주고는 할 일 다했다는 식이다. 당연히 전쟁이 끊일 날이 없는 것이다.

'부부 싸움의 도'라는 게 있다. 던지기나 깨부수기 등 상대의 주특기를 미리 알고 덤비니 지智라 하고, '설마 나를 정통으로 치지는 않겠지'라고 생각하는 신信, 상대가 아픈 표정을 짓는다 해도 과감히 무시하니 강强이라 하고, 값나가는 살림을 절대 부수지 않으니 현賢이라 하고, 싸움이 끝나면 서로 멍든 곳을 만져 주니 의義라 한다. 우스갯소리지만 이해가 간다. 오죽했으면 부부 싸움이 도의 경지까지 오르겠는가.

여성의 사회 참여가 확대되고 파워가 강해지면서 남성 위주의 이데올로기는 많이 사라졌다. 그렇다고 남자와 여자가 선천적으로 가진 성향 자체가 바뀌지는 않았다. 피즈 부부는 남녀가 동일하다는 의미는 정치적 혹은 도덕적인 문제이지, 결코 과학적인 문제는 아니라고 한다. 여자의 사랑을 얻기 위해 남자는 죽을 고비를 넘겨 가며 산을 넘고 바다를 건너고 사막을 헤쳐 나왔다. 그런데도 여자는 떠났다. 왜? 남자가 집에 없었기 때문이다.

부부는 일심동체가 아니다. 남자와 여자는 분명히 다르다. 그렇다고 남자가 원하는 권력, 성취, 섹스와 여자가 원하는 관계,

안정, 사랑은 달라서 대립하는 개념이 아니다. 다르기 때문에 보완되어야 하는 개념이다. 수세기에 걸쳐 각각 다른 방식으로 진화하며 공존해 온 남녀가 함께 산다는 것 자체가 경이롭지 않은가. 사냥하기 바쁜 남자들, 살림살이에 분주한 여자들이 오늘도 지구 어딘가에서 지지고 볶으며 살고 있다.

26

명품 여행이 되는 법

—

〈열하일기〉

박지원 | 돌베개

도시란 사람과 같아서 제 고유의 초상을 갖는 법이다. 지배와 피지배의 역사가, 재난과 파괴의 상처가, 승리와 독립의 환희가, 예술과 문화의 향기가 도시의 외형을 이루고 내면을 채운다.

우리나라 사람들이 가장 가고 싶어 하는 유럽의 도시가 프라하다. 프란츠 카프카와 밀란 쿤데라, 드보르작과 스메타나 등 천재 예술가들의 명성만으로도 여행의 본능을 강하게 자극하는 곳이다. 석양을 품은 프라하 성, 이른 아침 안개 속 카를 교는 얼마나 고색창연한가. 탱크와 군홧발이 지나간 자리에 부는 바람은 또 얼마나 청량한가. 유럽 여행 선호도 1위인 프라하의 거리에서 우리나라 사람들과 마주치기란 어렵지 않다.

여행이란 무엇인가

몇 년 전 K 사장이 결혼 20주년 기념으로 부인과 프라하에 갔단다. 세상에서 가장 아름다운 천문 시계를 보기 위해 구시청 앞에 갔을 때의 일이다. 천문 시계에는 한 시계공의 슬픈 전설이 전해져 온다. '하누스'라는 명인이 천문 시계를 만들었는데, 너무도 아름다워서 다시는 똑같은 시계를 못 만들도록 관리들이 명인의 눈을 멀게 했다는 얘기다. 아름다움에 대한 인간의 덧없는 욕망을 생각하며 시계를 감상하고 있을 때, 깃발을 든 가이드를 따라 한 무리의 한국 단체 관광객들이 왔다. 가이드가 시계 명인의 슬프고도 아름다운 이야기를 얼마나 맛깔스럽게 설명할까 궁금해져서 귀를 쫑긋 세웠다. 가이드의 입에서 유창한 멘트가 나왔다.

"여러분, 바로 건너편이 명품 거리입니다. 쇼핑들 하시고 한 시간 후에 버스에 승차해 주시기 바랍니다."

가이드의 말이 끝나는 순간 삼삼오오 명품 거리로 총총히 향하는 단체 관광객들의 발걸음에 K 사장은 뒷맛이 영 개운치 않았다고 한다.

여행이란 무엇인가. 명품 쇼핑에 바쁜 소비 행위가 아니다. 나의 잣대로 문화를 견주는 비교 행위가 아니다. 출입국 사실을 보여 주는 과시 행위가 아니다. 진정한 여행은 나의 시선에서 타자의 시선으로 바라보는 것, 나의 밥상에서 벗어나 그들의 식탁을 즐기는 것, 증명하기 위한 사진이 아니라 추억하기 위한 사진을 남기는 것, 통과하는 것이 아니라 머무를 줄 아는 것, 그리고 돌아올 때 영혼의 키가 부쩍 자란 자신을 발견하는 것이 아닌가.

지금부터 2백여 년 전, 여행의 본질과 낯선 땅에서의 체험을 즐기던 여행 프리랜서가 있었다. 외모만큼이나 호방했던 그의 이름은 연암 박지원이다.

열하로 대장정을 떠나다

연암은 노론 명문가 출신이었으나, 1765년 과거에 낙방한 후 젊은 시절을 무직으로 지냈다. 삼십대에는 이덕무, 박제가, 유득공, 홍대용 등의 벗들과 '백탑파'라는 독서 서클을 만들어 활동하였다. 두 차례의 호란을 겪은 조선에게 청나라는 정벌의 대상이었다.

18세기 이후 북벌론이 약화되면서 청나라는 벤치마킹의 대상으로 떠올랐다. 중국을 배우자는 '북학파'가 백탑파에서 시작되었다.

이렇다 할 직업 없이 지내던 사십대의 연암에게 1780년 뜻밖의 행운이 찾아왔다. 팔촌 형 박명원이 청나라 건륭제의 고희잔치를 축하하는 사절단에 임명되어 연암이 수행원으로 합류하게 된 것이다. 연암은 이미 중국을 다녀온 사람들의 여행담과 중국 관련 서적 등을 통해 현지 정보를 잘 알고 있었다. 연암에게 청나라는 아는 만큼 보이고, 보이는 만큼 배울 수 있는 신세계였다.

《열하일기》는 연암이 청나라를 다녀온 1780년 5월부터 10월까지 6개월간의 여행 기록이다. 비가 오락가락하던 6월 장맛비로 강물이 불어난 압록강을 건너면서 대장정이 펼쳐진다.

"떠날 날이 갑자기 닥치고 보니, 비록 강을 건너고 싶지 않아도 이젠 어쩔 수 없게 되었다. 가야 할 앞길을 멀리 바라보니 습하고 무더운 날씨가 사람을 찌는 듯하고, 고향집을 돌이켜 상상해 보지만, 구름과 산으로 아득히 막혀 있다. 사람의 상황이 이렇게까지 되면 크게 낙심이 되어 되돌아가고 싶은 후회가 어찌 없을 수 있으랴."

도를 아는가?

어째 출발부터가 녹록치 않다. 강이 범람해 열흘 동안이나 발이 묶였던 데다 찜통더위의 기승으로 사절단의 심신은 여행이 시작되기도 전에 지쳤던 모양이다. 겨우 배를 탄 연암이 강을 건너면서 수역首譯인 홍명복에게 묻는다.

"도道를 아는가?"

수역의 대답이 궁색하자 연암이 답한다.

"도란 알기 어려운 게 아닐세. 바로 저기 강 언덕에 있네. 경계란 언덕이 아니면 강물이네. 무릇 사람의 윤리와 사물의 법칙은 마치 강물이 언덕과 서로 만나는 피차의 중간과 같은 것일세."

'사이間'에 대한 얘기다. 이도 저도 아닌, Yes도 No도 아닌, 검지도 희지도 않은 일들이 우리 주위에 얼마나 많은가. 이것과 저것의 사이, 있고 없고의 사이, 맑음과 탁함의 사이에서 중간을 찍기란 또 얼마나 어려운 일인가.

중용의 도에 대한 연암의 설명이 이어지는 동안 배가 언덕에 도착하였다. 당초 여행의 최종 목적지는 연경이었다. 압록강에서 연경까지는 약 2,300리, 즉 920㎞다. 서울에서 부산까지의 왕복 거리다. 악천후와 폭염 속에 압록강을 건너 요동 벌판을 지나 심양을 거쳐 산해관에 이르는 여정은 비만한 연암에게는 여행이 아니라 고행의 길이었다. 어렵게 요동 벌판에 들어선 연암의 입에서 그 유명한 '호곡장론好哭場論'이 터져 나온다.

"이제야 깨달았다. 사람이란 본래 의지하고 붙일 곳 없이 단지 하늘을 이고 땅을 밟고 이리저리 나다니는 존재라는 것을. 말을 세우고 사방을 둘러보다가 나도 모르게 손을 들어 이마에 얹고 '한바탕 통곡하기 좋은 곳이로구나' 했다."

비좁은 조선을 벗어나 광활한 요동을 밟은 충격과 감회를 연암은 '통곡'이란 패러독스로 표현한 것이다. 초상집 곡소리가 아니다. 도무지 한 점의 산도 찾아볼 수 없는 이 들판이야말로, 마치 하늘과 땅을 아교로 붙인 듯 실로 꿰맨 듯한 이 광야야말로 한바탕 울어 볼 만한 장소가 아니겠냐는 주옥같은 문장에 가슴이 뜨거워지지 않는가.

이용후생의 시각으로 관찰하다

연암은 북학파 지식인답게 청나라의 문물들을 세심히 관찰하고 메모하였다. 눈에 띄는 모든 것을 이용利用의 시각으로 보고, 후생厚生의 관점에서 이해했다. 연암에게 쓰임은 곧 삶의 질을 높이는 일이었다.

"요컨대 집을 짓는 데는 벽돌을 쓰는 것이 가장 훌륭하다. 비단 담을 쌓을 수 있을 뿐 아니라, 실내외를 모두 벽돌을 깔고 넓은 뜰도 모두 벽돌로 깔아서, 눈에 보이는 것이 반듯반듯 바둑판 줄을 그어 놓은 것 같다."

"굴뚝을 만드는 법은 큰 항아리만 하게 땅을 뚫어서 벽돌을 부도탑 모양으로 쌓아 올려 집의 높이와 같게 하는데, 연기가 항아리 속으로 떨어져 마치 숨을 들이쉬듯 빨아 당기듯 하게 되니, 이 법이야말로 더욱 기묘하다."

"국가에서 수레를 사용하지 않으니 길이 닦이지 않는다. 수레가 다니게 된다면 길은 절로 뚫리게 마련이니, 어찌 길거리가 좁다거나 고갯마루가 높음을 걱정하랴?"

몇 년 전 피렌체 대성당에서 일본 학생들의 낙서가 발견되어 국제적으로 망신살이 뻗친 일이 있었다. 흔적을 남기려는 인간의 분별없는 욕망 때문에 세계적인 문화유산이 몸살을 앓는다. 대부분 자신의 이름과 다녀간 날짜를 쓰거나, 아무개를 사랑한다 같은 말들이다. 굳이 거기다 새겨 놔야 사랑이 오래가는지는 모르겠다. 어쨌거나 18세기 지성인의 대표라 할 연암도 흔적의 욕망에서 자유롭지 못한 듯하다.

"바위의 색깔은 희고, 그 아래에 '한비장군사호처漢飛將軍射虎處'라는 비석이 있다. 나는 그 비석에 '청나라 건륭 45년 7월 26일 조선인 박지원이 구경하다'라고 적었다."

한비 장군은 한나라 이광李廣의 용맹성을 보고 흉노족이 지은 별명이다. 이광이 바위를 범으로 착각하고 화살을 쏘았는데, 화살이 바위에 박혔다. 이후에는 아무리 쏘아도 화살이 박히지 않았다는 전설적인 바위에다 연암이 흔적을 남긴 것이다.

고북구 장성을 빠져나가다

연경에 황제가 없으니 열하로 가라는 전갈을 받은 사절단

일행은 일제히 경악한다. 우여곡절 끝에 당도한 연경에 황제가 없다니! 열하까진 700리. 지금껏 온 길에 조금 못 미치는 거리를 다시 가야 할 판이었다. 공무 수행의 의무가 없었던 연암은 열하를 갈까 말까 망설였지만, 팔촌 형의 설득으로 마음을 정한다. 북경에서 열하로 가는 길에 고북구古北口 장성이 있다. 한밤중에 달과 별을 바라보며 전쟁의 격전지였던 고북구 장성을 빠져나간 이야기는 《열하일기》의 백미다.

"북두성은 반쯤 관문 가운데에 꽂혔으며, 사방에서는 풀벌레 소리가 일고, 획 하며 긴 바람이 숙연하게 불어와 숲과 골짜기가 모두 울린다. 짐승처럼 생긴 바위와 귀신 모양의 낭떠러지는 마치 전쟁터에 병장기를 모조리 세워 둔 것 같다. …… 하늘 끝에 학의 울음소리가 대여섯 번 나는데, 그 소리가 맑고 아련한 것이 마치 길게 간드러지는 피리 소리처럼 들린다."

그곳에서의 감동과 전율이 얼마나 심오했는지, 연암은 다시 술에 먹을 갈아 장성에다가 이렇게 썼다.

'건륭 45년 8월 7일 밤 삼경, 조선의 박지원 여기를 지나가다.'

명품 여행가 연암 박지원

《여행의 사고》를 쓴 윤여일 박사는 해외여행을 '자신의 앎과 감각이 의문으로 다가오는 여행'이라고 했다. 《바람이 분다 당신이 좋다》의 작가 이병률 시인은 '여행은 시간을 들이는 일이 아니라 시간을 벌어 오는 일'이라고 했다. 맞는 말이다. 여행은 지나간 시간과 다가올 시간 사이에서 점처럼 부유하는 나를 발견하는 일이다. 익숙한 것들을 내려놓고 낯선 것들에게 손을 내밀어 보는 일이다. 나 자신과의 진지한 Q&A는 여행을 가서야 가능하다.

연암의 삶은 곧 여행이었다. 그는 여행이 주는 향연을 즐길 줄 알았으며, 그 즐거움을 꼼꼼히 기록했다. 그렇게 쓴 《열하일기》는 나오자마자 불온서적으로 지목되었다. 정조는 문체반정을 들고 나왔으며, 유학자들은 진노했다. 불경스럽다는 것이었다. 반면 젊은 유생들 사이에서 《열하일기》는 당시 베스트셀러였다. 그도 그럴 것이 유교적 틀을 벗어난 자유가 녹아 있었기 때문이다.

연암이 지금 살아 있다면 그의 여행 블로그는 수많은 접속자들의 방문과 댓글로 화제가 되었을지도 모르겠다. 명품 여행이란 명품을 사는 여행이 아니라, 여행 자체가 명품이라야 한다. 연암은 진정한 명품을 아는 여행자였다.

27

아날로그적 감성의 유효함

—

〈선비답게 산다는 것〉
안대회 | 푸른역사

《남자의 물건》을 쓴 김정운 소장은 만년필 마니아다. 그에게 만년필은 단순한 필기구가 아니다. 정체성의 상징이다. 미술 평론가인 손철주 학고재 주간의 몽블랑 만년필은 미끈한 아랫도리를 검은 스타킹에 감춘 손안의 연인이다. J 사장에게 만년필은 '맛'이다. 보는 맛, 쥐는 맛, 쓰는 맛이다. 혀끝으로 전해지는 맛이 아닌,

손끝에서 전해져 오감을 자극하는 농염한 맛이다.

언어 이전의 원재료인 잉크는 만년필의 몸통과 펜촉의 입을 통해서야 비로소 글씨로 구현된다. 흰 여백 위에 멈춘 듯 날아가듯 굵거나 가늘게, 묽거나 진하게 드러나는 글씨는 만년필의 성정을 그대로 보여 준다. 컴퓨터 자판의 무표정한 명조체나 꽉 막힌 고딕체가 감히 흉내 낼 수 없는 맛이다. 골프에서 그립이 중요한 것처럼 만년필도 마찬가지다. J 사장의 말에 의하면 제아무리 고가의 한정판 만년필도 내 손과 궁합이 맞아야 제구실을 한다.

J 사장의 책상엔 만년필과 잉크가 가지런하다. 그가 특별히 아끼는 브랜드는 독일의 그라본 파버카스텔이다. 세련된 디자인과 묵직한 뚜껑이 마음을 사로잡았단다. 미끈하고 매끈한 모양이 정말 아름답다. 조선 백자나 모네의 〈수련〉만 아름다운 게 아니다. 만년필의 바디 라인과 감촉은 성숙의 절정을 이룬 매혹적인 여인의 자태와도 같다.

J 사장은 만년필이 좋은 나머지 직접 만들어 보기도 했단다. 물론 성공하지는 못했다. 그를 보고 있으면 우리 옛 선비들이 생각난다. 벼루와 먹을 벗 삼아 지적 사치를 향유했던 조선의 선비들 말이다.

유득공의 벼루 사랑

"저택에 사치를 부리면 귀신이 엿보고, 먹고 마시는 데 사치를
부리면 신체에 해를 끼치며, 그릇이나 의복에 사치를 부리면 고아
한 품위를 망가뜨린다. 오로지 문방도구에 사치를 부리는 것만은
호사를 부리면 부릴수록 고아하다. 귀신도 너그러이 눈감아 줄 일
이요, 신체도 편안하고 깨끗하다."

1780년 유만주의 일기《흠영欽英》에 나오는 말이다. 문방구
에 대한 과소비는 과소비가 아니라는 변명이 그럴 듯하다.

조선은 문인들의 세상이었다. 그들에게 글은 밥이었고, 술이
었고, 욕망이었고, 품격이었다. 청빈을 생명같이 여기던 선비들도
명품 문방구에 대한 구매욕은 지나칠 정도로 강했다. 그러니 유만
주처럼 사치가 아니라고 손을 내저을밖에. 그중 벼루는 가장 중요
한 용품 중의 하나였다. 조선 정조 때의 문인으로 이덕무, 박제가,
이서구와 함께 한문학사에서 사가四家로 불리는 유득공의 일화는
벼루에 대한 그의 집착이 얼마나 심했는지를 보여 준다.

'적간관赤間關'이란 벼루는 당시 일본 최고의 명품 벼루였다.
통신사 일행이 일본에 가서 사 온 고가의 벼루를 이서구의 동생인
이정구가 소장하고 있었다. 벼루가 탐이 난 유득공이 벼루를 낚아

채 달아나 버렸다. 벼루를 빼앗은 미안한 마음에 유득공은 시를 한 수 지어 이정구에게 보냈다. 〈적간관연가 증잠부赤間關硯歌 贈潛夫〉란 시로, 송나라 미불과 소동파도 벼루를 훔쳤다면서 벼루에 대한 자신의 욕심을 밉지 않게 풀어내고 있다.

벼루를 보고 나는 갖고 싶은데

친구는 몹시 곤란하다는 낯빛을 보이네.

미불은 옷소매에 벼루 숨겨 훔친 일 있고

소동파는 벼루에 침을 뱉어 가진 일 있지.

옛사람도 그리했거늘 나야 말해 무엇하랴!

낚아채 달아나니 걸음도 우쭐우쭐.

이 벼루는 색깔이 붉어 그리도 얻기 어려운 겐가?

적간관이란 그 이름이 이상할 것 없구나.

돌에 미친 바보, 정철조

화가, 수학자, 천문학자 등 만능 지식인이었던 정철조란 선비는 돌만 보면 칼을 들이댔다. 벼루를 깎기 위해서였다. 그의 호는 석치石痴다. '돌에 미친 바보'라는 뜻이다. 그의 벼루 깎는 솜씨는 18세기 명인의 반열에 들 정도로 훌륭했다. 벼루 깎는 전용 칼이 있었던 것도 아니다. 돌의 재질도 가리지 않았다. 그의 손에 들어간 돌은 눈 깜짝할 사이에 아름다운 예술품으로 부활했다. 당시 조선의 선비들은 앞다투어 그가 깎은 벼루를 소장하였다. 갖지 못하면 부끄러워할 정도였다니, 그가 깎은 벼루의 명성이 어떠했는지 짐작이 간다. 그가 만들어 사돈에게 바쳤다는 벼루에는 이런 글이 쓰여 있다고 한다.

"손은 쓰기를 잊고, 눈은 그리기를 잊었다. 이 돌에서 무엇을 얻어서인가? 바보스러움과 고질병이 으뜸이다."

사실 벼루에 대한 선비들의 애정은 글로도 많이 표현이 되었다. 이규보의 〈소연명小硯銘〉을 보면 벼루가 사물이 아닌 학문의 동반자로까지 느껴진다.

벼루야! 벼루야!
네가 작은 것은 네가 부끄러워할 일이 아니야.
너는 한 치의 웅덩이에 불과해도
내 끝없는 생각을 펼쳐 주지만
나는 여섯 자 큰 키에도

네 힘을 빌려 사업을 이루잖니!

벼루야!

나는 너와 함께 가노니

삶도 너와 함께

죽음도 너와 함께

시전지의 달인, 이덕무

　돌에 미친 바보 정철조가 벼루의 달인이라면 책만 보는 바보 이덕무는 시전지詩箋紙의 달인이었다. 시전지는 시나 편지를 쓰는 종이다. 선비들 사이에 시를 써서 주고받는 일은 그들만의 우아하고 운치 있는 대화법이었다. 자신의 시를 더욱 돋보이게 하려는 선비들의 욕구에 따라 자연히 고급 시전지에 대한 수요도 늘었다. 꽃과 대나무, 학 등의 무늬와 각종 식물에서 채취한 천연 염료 등을 사용해 시전지를 만들었다. 멋진 밑그림을 배경으로 우아하게 써 내려간 시와 낙관은 선비들의 시詩, 서書, 화畵에 대한 의식과 수준을 보여 준다. 이덕무는 탄호전彈毫箋이란 시전지를 직접 만들어 썼다. 서유구의 〈문방아제文房雅製〉라는 글에 이덕무의 탄호전 제작법이 자세히 소개되고 있는데, 손이 많이 가는 작업이었다.

"분지나 깨끗하고 단단하게 다지지 않은 다른 종이를 가져다가 잘라서 작은 종이로 만든다. …… 난초는 줄기를 다 그리고, 대는 잎을 따서 음각, 양각으로 지면에 흩어 배치하되 제 위치를 잃지 않아 우아하도록 한다. 색채는 연지와 진주, 웅황과 꼭두서니를 사용하는데 녹색은 꼭두서니와 등황빛을 섞는다. …… 몽당붓의 끄트머리를 잘라 물감을 살짝 묻힌다. 짙게 묻히는 것은 절대 금지다. 왼손으로는 칼을 잡고 오른손으로는 붓을 잡아 기름종이에 대고 붓으로 칼등을 두드려 상하 사방으로 적절하게 튕긴다."

문文을 숭상했던 조선의 선비들은 글쓰는 것을 관장하는 신이 있다고 믿었다. 당나라의 시승詩僧이었던 가도賈島는 이런 문신文神에게 제사를 지냈다고 한다. 섣달그믐에 제단 앞에서 한 해 동안 지은 시를 모아 놓고 글을 쓰느라 자신을 혹사시킨 신에게 음식을 바치며 기도했다. 정조 때 이옥이라는 선비도 한 해의 마지막 날, 무시당하는 자신의 글에 대한 원망과 함께 절망한 영혼을 치유하고자 신에게 제사를 지냈다고 한다.

"오늘은 세모라, 내 감회가 많이 생겨 붓꽃을 안주 삼아 들고 벼루 샘물을 술 삼아 길어 올리니, 마음의 향기 한 글자가 실낱같

이 가늘고 희게 타오르는구나. 글을 잡고 신에게 고하노니 신령
은 와서 흠향하시라!"

아날로그 감성의 멋스러움

디지털 시대다. 기술의 눈부신 성장은 우리를 더욱 빠르고
편한 세상으로 인도하고 있다. 손가락 하나만 까딱하면 순식간에
뭐든 되는 세상이다. 덕분에 멀어진 것들이 많다. 그중 하나가 문
방구다. 우리의 손은 연필이나 펜을 쥐기보다 컴퓨터 자판을 두드
리기에 바쁘다. 달그락달그락 소리 나던 필통이 사라지고, 가운뎃
손가락 끝에 자리 잡히던 굳은살은 말랑말랑해졌다. 손으로 직접
쓰는 편지 봉투는 축의금이나 부의금 봉투가 고작이다.

불특정 다수와 소통하는 소셜 네트워크는 애틋함이나 은밀
함이 없어 어째 좀 맛이 덜하다. 빠른 것, 편한 것이 나쁘다는 말이
아니다. 뭔가 아쉽다. 자동 응답 서비스나 내비게이션의 기계적인
목소리는 들을수록 정이 떨어지지 않는가. 컴퓨터의 틀에 박힌 활
자로 연인의 이름을 쳐보면 불러도 대답 없는 이름 같다.

디지털에 밀린 아날로그적 감성이 해묵은 정서는 아니다.
아직 우리의 몸과 영혼은 아날로그에 머물러 있다. 직원들에게 낙
서를 권하는 기업들이 늘고 있다는 외신을 접한 적이 있다. 그 기

업들의 대다수가 IT 기업이라는 사실이 역설적이다. 낙서가 사라지게 한 장본인들이 이제는 낙서를 장려한다. 이유인즉 직원들의 창의성을 높이는 데 도움이 된다는 것이다. 프레젠테이션을 할 때도 파워포인트를 사용하기보다 화이트보드에 직접 펜으로 그리며 설명하는 경우가 많다고 한다. 아날로그의 힘이다.

나는 J 사장의 만년필이 좋다. 흑백 사진 같은 그의 아날로그적 감성이 좋다. 만년필로 글쓰기의 맛을 즐기는 멋스러움이 좋다. 나도 만년필 한 자루 구입해 볼까 하는 생각에 컴퓨터 앞에 앉는다. 이런! 아날로그적 향수를 느끼기 위해 디지털 기술을 이용해야 하는 시대에 우리는 살고 있다.

28

소유와 무소유

—

〈소유냐 존재냐〉

에리히 프롬 | 까치

박근혜 대통령은 후보 시절 '대통령 임기 내에 중산층의 비중을 64%에서 70%로 올리겠다'고 약속했다. 중산층은 어떤 계층을 두고 하는 말인가. 국어사전을 찾아보면 중산층이란 '사회적으로 중간층에 분류되는 계층'이라고 나와 있다. '중간'이라고 애매하게 나와 있기는 하지만, 결국 소득 수준을 두고 하는 말이다.

나는 중산층인가?

중산층에 대한 나라별 기준은 어떠한가. 프랑스는 '외국어를 하나 정도는 할 수 있고, 직접 즐기는 스포츠와 다룰 줄 아는 악기가 있으며, 남들과 다른 맛의 요리를 만들 수 있고, 봉사 활동을 꾸준히 한다면 중산층'이라고 한다. 영국은 '페어플레이를 하고, 자신의 주장과 신념을 가지며 불의, 불평등, 불법에 의연히 대처하는 사람'을 중산층이라고 한다. 미국은 '자신의 주장을 떳떳이 펼치며, 사회적 약자를 돕고, 정기적으로 받아 보는 비평지가 있다면 중산층'이란다.

우리나라는 어떤가. 직장인을 대상으로 중산층의 기준에 대해 물었다. 첫째, 30평 이상의 아파트 소유. 단 대출이 없어야 한다. 둘째, 월급은 500만 원 이상. 셋째, 2천cc 이상의 중형차 소유. 넷째, 통장 잔액이 1억 원 이상. 다섯째, 1년에 한 번 이상의 해외여행. 다섯 가지 모두 해당되는지?

S 사장에게 '자신이 중산층이라고 생각하느냐'고 물었다. 대출이 많아서 자신은 중산층이 아니란다. 우리나라 사람들이 생각하는 중산층의 기준은 모두 금전과 연결되어 있다. 악기를 다룬다든지, 봉사를 한다든지, 정의롭다든지 하는 비금전적인 요소는 아예 항목에 있지도 않다. 가진 재산이 얼마인지와 아파트 평

수, 자동차 배기량, 신분의 높고 낮음 등이 그 사람을 나타내는 상징이고 도구이다.

2003년 코넬 대학 길로비치 교수팀이 흥미로운 조사 결과를 발표했다. 성인 1,200명을 대상으로 보석, 자동차 등 '소유'하기 위한 지출과 여행, 음악회 등 '존재'를 위한 지출 중에 어느 것이 보다 행복한 지출이었는지 물었다. 후자가 더욱 행복했다는 답변이 57%를 차지했다. 전자가 행복했다는 답변은 34%에 불과했다.

소유냐 존재냐, 양자택일은 없다. 우리의 생활에 있어 소유는 정상적인 행위다. 때로는 존재의 본질이 소유이고, 소유하기 때문에 존재한다고 여겨지기도 한다. 아파트의 평수, 자산이나 연봉의 숫자가 클수록 존재의 가치도 당연히 커진다고 생각하는 현실이다.

소유적 인간, 존재적 인간

에리히 프롬은 《소유냐 존재냐》라는 책에서 '소유적 인간'과 '존재적 인간'의 삶의 양식을 대비시킨다. 소유적 인간은 가진 것에 의존하는 반면, 존재적 인간은 본인이 존재하는 것, 살아 있다는 사실에 자신을 맡긴다. 존재적 인간에게 지식이란 단순한 진실의 소유가 아니다. 표면을 뚫고 들어가 비판적이고 능동적으로 진실을 향해 접근하는 것을 의미한다. 또한 존재 양식으로서의 권위는 사회적 기능을 수행하는 능력뿐만 아니라, 자기실현과 자기완성을 이룩한 인격을 바탕으로 세워진다. 그런 인물에게서는 권위가 저절로 배어 나온다는 것이다.

사랑에 대해서도 마찬가지다. 우리는 사랑을 소유할 수 있는가? 그렇다면 사랑은 사물이거나 실체여야 한다. 하지만 사랑은 추상적이다. 존재 양식으로서의 사랑이란 대상이 누구든 무엇이든 배려하고 알고자 하며, 몰입하고 그 존재를 입증하며, 그를 보며 즐거워하는 모든 것을 내포한다. 사랑은 소생과 생동감을 증대시키는 과정이다. 반대로 소유 양식의 사랑이란 사랑하는 대상을 구속하고 지배함을 의미한다.

흔히 '사랑에 빠졌다'고들 한다. 프롬은 이를 부정한다. 빠졌다는 것은 수동적인 의미이기 때문이다. 프롬에 따르면 사랑은 생산적이고 능동적인 활동이다. 구애를 하는 동안에는 누구나 생기가 넘치고 매력적이며, 아름답기까지 하다. 그러다 결혼과 더불어 상황이 급반전한다. 결혼은 쌍방에 대해 독점할 모든 권리를 부여하기 때문이다. 이제부터는 상대의 마음을 사려고 부심할 필요가 없다. 사랑은 이제 소유하는 무엇, 하나의 재산이 된 것이다.

권태기의 부부들은 사랑의 부재를 놓고 어디서부터 잘못되었는지를 고민한다. 때론 자신이 속았다는 느낌에 젖기도 한다. 프롬은 사랑을 소유할 수 있으리라는 잘못된 기대감이 결국 사랑을 정지시킨다고 말한다. 법정 스님도 말하지 않았는가. 사랑한다는 것은 이해가 아니라 상상의 날개에 편승한 찬란한 오해라고. '나는 당신을 죽도록 사랑합니다'라는 말은 '나는 당신을 죽도록 오해합니다'일지도 모른다고.

소유의 영속성을 부정하다

소유 지향과 이윤 추구로 처방된 세상에서 존재 양식으로서의 삶을 산다는 것은 무척 어려운 일이다. 프롬은 묻는다. 만약 소유가 곧 나의 존재라면 소유물을 잃었을 경우 나는 어떤 존재인가. 패배하고 좌절한 가없은 인간에 불과할 것이다. 소유하고 있음은 잃을 수도 있음이므로 불안하기 마련이다. 도둑을 겁내고, 경제적 변동을, 질병을, 혁명을, 죽음을 두려워한다. 사랑을 잃을까 노심초사하기도 한다. 언제 닥칠지 모를 손실에 대한 끊임없는 걱정으로 보다 많이 소유하고자 가혹해지고, 편협해지고, 외로워진다.

소유는 사용에 따라 감소하는 반면, 존재는 실천을 통해 증대한다. 베푸는 것은 상실되지 않으며, 붙잡고 있는 것은 잃기 쉽다. 상실의 위험은 소유 안에 항상 내재하고, 집착은 괴로운 것이다. 에리히 프롬은 소유에 대한 영속성을 부정한다.

"나는 언젠가는 죽어 갈 것이며, 지금 내가 무엇을 가지고 있다는 것을 보증해 주는 사회적 지위를 잃을 수도 있다. 객체 역시 영속성을 지니고 있지 못한다. 그것은 파괴될 수도 잃어버릴 수도 있고, 그 가치를 상실할 수도 있다. 무엇을 지속적으로 소유하고 있다는 진술은 파괴되지 않는 불멸의 실체를 전제한 그릇된 환상에 기초를 두고 있다. 설령 내가 모든 것을 가지고 있는 듯이 보인다고 해도, 사실상 나는 아무것도 가지고 있는 것이 아니다. 어떤 객체를 소유하고 지배하는 나의 행위는 삶의 과정에서 스쳐 가는 한 찰나에 지나지 않기 때문이다."

"대부분의 사람들의 경우 소유 지향성을 포기하기는 심히 어렵다. 그런 시도부터가 그들을 심한 불안에 몰아넣는다. 헤엄도 칠줄 모르는데 바다 한가운데에 내던져진 듯한, 일체의 안전대를 끊어 버린 듯한 느낌을 가진다. 재산이라는 목발을 던져 버리면 그제야 비로소 자신의 능력을 써서 혼자 힘으로 걷기 시작할 수 있다는 진리를 그들은 터득하지 못하고 있다. 그들을 망설이게 하는 것은 자기는 혼자 힘으로 걸을 수 없으리라는, 만약 재산이라는 목발이 지탱해 주지 않으면 쓰러져 버릴 것이라는 그릇된 환상이다."

주객전도가 된 소유욕

에리히 프롬의 철학은 법정 스님의 무소유 철학과 통한다. 집착이 곧 괴로움이라고 했던 법정 스님은 물건에 대해 다음처럼 말했다.

"우리들이 필요에 의해서 물건을 갖게 되지만, 때로는 그 물건 때문에 적잖이 마음이 쓰이게 된다. 그러니까 무엇인가를 갖는다는 것은 다른 한편 무엇인가에 얽매인다는 뜻이다. 필요에 따라 가졌던 것이 도리어 우리를 부자유하게 얽어맨다고 할 때 주객이 전도되어 우리는 가짐을 당하게 된다. 그러므로 많이 갖고 있다는 것은 흔히 자랑거리로 되어 있지만, 그만큼 많이 얽혀 있다는 측면도 동시에 가지고 있다."

주위에 소유욕을 자극하는 크고 작은 물건들의 유혹을 견뎌 내기란 쉽지 않다. 스마트폰만 해도 그렇다. 미끈하고 매끄러운 몸체와 형형색색의 아이콘들은 우리의 오감을 통째로 뒤흔들어 놓지 않는가. 스마트폰의 강렬한 유혹에 굴복한 스마트폰 이용자가 전 세계에 10억 명이 넘는다.

가진 것이라고는 물레와 밥그릇과 허름한 담요 몇 장, 그리고 대단치도 않은 평판뿐이었던 마하트마 간디에 비하면 우리는 가진 것이 얼마나 넘치는가. 겨울의 나무들은 모두 몸이 텅 비어 있다. 가진 것들을 모두 내려놓은 그들의 무소유가 허공에 또렷한 흔적을 남긴다.

에리히 프롬의《소유냐 존재냐》를 읽고 나서 내 몸에 배어 있는 허영과 욕심을 털어 낸다는 생각에 법정 스님의《무소유》를 검색했다. 절판이 되어 구하기가 쉽지 않다. 중고 가격도 만만치 않다. 결국 헌책방을 여기저기 수소문한 끝에 어렵사리 한 권을 찾아냈다. 무소유를 소유하기 위한 나의 모순을 설명할 재간이 내게는 없다. 책대로 살기 참 어렵다.

29

늙음의
미학

—

〈나는 이렇게 나이 들고 싶다〉

소노 아야코 | 리수

후덕하고 넉살 좋은 J 사장은 30년 넘게 주물업을 하고 있다.
한때 빚보증을 잘못 서는 바람에 공장 문을 닫아야 할 위기에 처
하기도 했으나, 그는 회생했다. 하늘이 무너지고 솟아날 구멍조차
보이지 않았던 그때를 회상하면 지금도 다리가 후들후들 떨린다.

회사를 부도내고 도망가 버린 친구는 집 안 곳곳에 붉은 딱

지로 배신의 증거를 남겼다. '설마' 했던 일이 결국 터진 것이다. 그때 J 사장이 할 수 있었던 것은 울고 부는 가족들을 위로하는 일밖에 없었다. 정작 자신은 누구에게도 위로를 받지 못했다. 돈이 없어 직원들 급여조차 못 주게 되자 절친하게 지내던 친인척과 친구들까지 그를 슬금슬금 피했다.

절망은 절망할 때 비로소 절망이다. 절망하지 않는 것은 그래도 희망이 남아 있기 때문이다. 바람 부는 벼랑 끝에 몰린 J 사장이 보았던 희망은 가족이었다. 환갑을 넘기신 어머니와 고생을 모르고 자란 아내, 사춘기의 아이들이 눈에 밟혀 그는 벼랑 끝에서 몸을 돌렸다. 다시 그는 죽지 않을 만큼 일했다. 밤낮의 구분이 없었고, 평일과 주말이 동일했다. 아버지 제삿날만 빼고 매일 공장에서 주물을 부었다. '생채기 없는 삶이 어디 있겠냐'며 정말 죽어라 일했다. 간호사였던 아내의 고운 얼굴은 함께 공장에 뛰어든 날부터 주물처럼 검고 투박해졌다.

J 사장이 입은 상처의 강한 재생력으로 주문이 늘고 형편이 펴져 갔다. 지난 3월 어머니는 구순의 봄을 넘기지 못하시고 봄꽃처럼 아들 곁을 떠나셨다. 당시 사춘기였던 아이들은 어른이 되어 아이들을 낳아 키우고 있다. 자신도 이제 퇴역을 앞두고 있다. 사업은 아들이 이어받을 예정이다. 넘겨주고 넘겨받는 것, 삶

이란 그런 것이다.

늙기 전에 받아야 할 OJT

소설가 김훈은 '늙기란 힘든 사업'이라고 했다. 하긴 얼마 남지 않은 내 삶의 여인숙에 은퇴, 고독, 질병, 치매, 이별, 죽음이라는 손님들이 들어온다면 어느 누가 반갑겠는가. 세월 앞에 속수무책인 우리는 신의 계획대로, 자연의 의도대로 늙어 가고 있다. 늙음은 우리의 책임이 아니다. 이처럼 노년이 수동형인 까닭에 늙음을 격려하고 위로하는 경구들은 고마우면서도 공허하다.

소노 아야코의 《나는 이렇게 나이 들고 싶다》는 노년에 경계해야 할 것들을 적어 놓은 계로록戒老錄이다. 작가는 어린아이일 적에 어른이 될 준비를 하듯이 중년부터 노년을 준비해야 한다고 말한다. 엄격한 자기 관리와 노년의 증상에 대한 인식, 죽음을 맞는 자세 등에 대해 세세하게 전한다. 읽다 보면 노년이라는 새로운 세상에 들어가기 전에 깐깐한 조교로부터 OJT On the Job Training를 받는 느낌이 든다. 정말 늙기도 힘들긴 힘든가 보다.

노인이라 버스에서 젊은이로부터 자리를 양보받아야 한다는 생각은 버려야 한다고 작가는 말한다. 고령화 시대에 노인이라는 사실은 이제 더 이상 지위나 자격으로 통하지 않는다. 경제와 체력이 허락하는 한 지불할 것은 당당하게 내고, 몸소 할 수 있는 것은 해야 떳떳해진다는 얘기다. 노인이라고 남이 해주는 것을 당연하게 생각한다면 자립의 긍지를 가질 수 없다. 자신이 스스로 할 수 있는 범위를 되도록 많이 남겨 놓아야 서운함과 불만이 적다는 말에 고개가 끄덕여진다. 노인이 되면 모든 것이 용납된다는 생각은 응석에 불과하다. '당연히 받아 주겠지' 하는 생각은 애당초 갖지 말라는 작가의 쓴소리다.

"노인이 되어서도 매사에 자신이 전면에 나서려는 사람이 있다. 그것은 진취적이면서 훌륭한 생활 방식일 수도 있다. 그러나 어른답지 못하다. 노인이 제일 먼저 잃는 것은 '어른다움'이다. …… '어른다움'이란 대국적인 견지에서 스스로 뒷전으로 물러서는 일이라고 나는 생각한다. 타인에게 이득이 되게 하기 위해 자신을 어느 정도 희생하며 티를 내지 않는 것이다. 나는 '어른다움'의 미학을 소중히 간직하고 싶다. 누구든지 한 번은 젊고, 누구든지 한 번은 늙는다. 이만큼 공평한 흐름을 시기하는 것은 탐욕이다."

일본의 숲은 상록 활엽수림이 많다. 작가는 숲에서 나는 낙엽 썩는 냄새를 예로 들어 말한다. 나무에서 자라나 성장한 잎은

제 몫을 다하고 나면 땅에 떨어져 썩는다. 이것이 토양의 자양분이 되어 어린잎과 나무를 다시 키워 낸다. 어린 초록들에게 자리를 내주는 낙엽의 추락은 얼마나 아름답고 위대한가. 반대로 메마르고 파리한 모양새로 가지 끝에 매달려 있는 낙엽의 안간힘은 또 얼마나 위태롭고 애처로운가. 작가가 말하는 '어른다움'이란 초록을 시기하는 낙엽이 아니다. 초록을 위해 나무에서 기꺼이 떨어질 줄 아는 낙엽의 지혜를 지녀야 한다.

늙기 전에 갖추어야 할 것들

노년은 외롭다. 자식과 함께 살거나 경제적으로 풍족하다면 외로움이 덜하겠지만, 그렇다고 100% 면제는 아니다. 작가는 노년의 외로움을 극복하는 방법으로 '목표 설정'을 말한다. 흔히들 은퇴하면 '농사나 지어야지', '글이나 써야지', '여행이나 다녀야지'라고 말한다. 좋은 생각들이다. 하지만 농사든, 글이든, 여행이든 체력과 시력이 뒷받침되어야 가능하다.

물론 장애의 몸으로 산을 정복하거나 세계를 횡단하는 등 불가능한 일을 해내는 사람들이 있다곤 해도, 기실 노년의 몸은 생각보다 말을 잘 안 듣는다. 눈이 안 보이고, 귀가 안 들리고, 몸의 어느 한 부분을 못 쓰게 되고, 판단력도 흐려진다. 그러니까 몸성할 때 되도록 노년에 할 만한 취미를 준비하라고 권한다. 도자기 공예, 소설 쓰기, 골프나 춤, 그림 그리기, 화초 재배 등 무엇이든 좋다. 외로움을 피하는 방법도, 삶의 소소한 즐거움을 찾는 방법도 노력 없이 해결되지는 않는다.

사람의 능력이나 체질은 각양각색이다. 노년이 되어서도 다부진 몸은 그만큼 관리를 해서이기도 하지만, 일단은 타고나야 한다. 자신의 의지나 노력만으로 되지는 않기에 그리 잘난 척할 일도 아니다. 작가는 부부간의 체력이나 건강 차이로 인해 생기는 문제들을 지적한다. 길거리에서 몇 미터 앞서 가는 남편이 뒤에 오는 부인을 향해 '빨리 좀 걸어라'고 한다든지, 무거운 물건을 끙끙대며 드는 남편에게 '그것도 못 드냐'며 타박하는 행동들이다.

누구나 자신이 가진 체력의 용량이 있다. 발 빠른 사슴을 잡는 일은 표범에게나 가능하다. 나무늘보가 어찌 잡겠는가. 작가는 특히 힘자랑하는 노년들에게 이 점을 경계하라고 말한다. 체력에 대한 지나친 자신감이 사람을 우쭐하게 만들어 그렇지 않은 사람들에게 쉽게 상처를 준다는 것이다. 자신의 기력이 넘친다고 자만하지 말아야 한다. 격차를 인정하고 타인의 생활 방식을 존중해야 한다고 작가는 조언한다.

옛이야기하기를 싫어하는 노년은 없다. 연세가 지긋하신

CEO들의 얘기를 듣다 보면 그중 반은 이미 들었던 얘기다. 그래도 분위기는 늘 '처음처럼'이다. 작가는 대화가 반복되지 않게 하려면 상대에게 대화의 주도권을 넘기라고 한다. '왕년에 미인이었다'든지, '여자들에게 꽤 인기가 많았다'는 말은 웃기려고 작정한 경우를 빼고는 하지 않는 편이 낫다고 말한다.

작가는 무조건 자주 걸어야 한다고도 말한다. 노년에게만 해당되지 않는다. 걷는다는 것은 이동한다는 목적 이상으로 '정상의 상태'임을 보증하는 것이다. 매일 적당한 운동을 하고, 택시나 자가용 이용을 피하고, 엘리베이터 대신 계단을 오르내려야 한다.

아름답게 나이 드는 법

여행을 많이 하기, 이사나 대청소 때 자리를 피해 주기, 새벽에 눈이 떠진다고 한탄하지 않기, 세상에 미련을 남기지 않기 등……. 소노 아야코의 늙음에 대한 덕목들은 너무나 많아서 읽다 보면 숨이 차기까지 한다. 그럼에도 노년에 대한 준비와 삶에 대한 성찰은 아예 안 하기보다 하는 것이 백번 낫다.

J 사장은 아들에게 사업을 물려주고 나면 무엇을 하며 노년을 맞을지 아직 정하지는 않았다. 색소폰과 낚시를 좋아하는 그의 노년은 무료하지 않을 것이다. 오히려 절대 희망이었던 가족들에

게 베풀어야 할 일들로 지금보다 바쁜 노후가 될 것이다. 손주들을 위해 연주회를 열고, 푸짐한 매운탕거리를 잡아와 가족들을 기쁘게 해주고, 숲의 낙엽들처럼 부지런히 아들에게 힘을 보탤 터이다.

힘들고 암울했던 지난 시절이 끔찍이 싫으면서도 J사장은 자신을 배신하고 도망친 친구가 여전히 궁금하다. 원망과 야속함도 나이를 먹는가. 시간이 지나면서 엷어지고 얇아져 이제는 오죽했으면 하는 안타까움만 남아 있다. '어디서 살든, 무엇을 하며 살든 그저 잘 살고 있다면 다행'이라며 웃는 그의 눈에 선함이 가득하다. 소노 아야코의 계로록이 아니더라도 나는 그의 웃음에서 '아름답게 나이 드는 법'을 배운다.

30

깊이 있는 삶을
향하여
—
〈속도에서 깊이로〉
윌리엄 파워스 | 21세기북스

유통업을 하는 P 사장은 대부분 업무를 스마트폰으로 해결
한다. 똑똑한 비서를 둔 덕에 상품의 주문과 판매, 자금 이체와 일
정 관리, 내부 결제까지 그의 눈과 귀와 손은 항상 바쁘다. 이메일,
문자의 도착과 신용카드 결제일, 도로 사정과 길 안내, 실시간 주
식의 동향, 크고 작은 뉴스거리 등을 손안의 비서가 알아서 척척

전해 준다. 웬만한 비서보다 낫다. 게다가 미끈하고 예쁘기까지 하다. 스마트폰 덕분에 오래전 헤어졌던 친구들과도 연결되었고, 새로운 정보도 공유하게 되었다. 매일 빼놓지 않는 아이들과의 화상 통화는 디지털 기기가 준 최고의 축복이다.

스마트폰이 없다면 과연 가능하기나 한 일이었을까. 스마트폰이 없다면 어떻게 그 많은 업무를 처리할까. 어떻게 이 많은 사람들과 정보들을 접할 수 있을까. 스마트폰은 현대의 메시아다. 스마트폰이 없는 세상은 암흑이다. 스마트폰은 지상 낙원이다.

그러던 어느 날 P 사장이 스마트폰을 잃어버렸다. 수십 번도 넘게 전화를 걸어 봤지만 불통이었다. 눈앞이 캄캄했다. 재난에 가까운 심각한 사태였다. 휴대폰이야 다시 사면 된다 해도 저장한 모든 연락처와 자료들, 금쪽같은 아이들 사진은 어떡하나. 상실감이 몰려왔다. 24시간 내내 한순간도 떨어져 있지 않던 비서가 갑자기 없어졌다. 심지어 화장실에서까지 그의 손에 안겨 있지 않았던가.

너무 화가 난 나머지 그는 배신감마저 느꼈다. 더구나 다음 날이 일요일이라 그는 꼼짝없이 휴대폰 없는 주말을 보내야 했다. 스마트폰이 없어지는 순간 그는 더 이상 스마트하지 않게 되었다.

여백과 거리가 사라진 디지털 세상

디지털 세상이다. 접속하고 터치해야 하는 세상이다. 우리는 디지털 기기를 통해 24시간 수많은 군중들과 연결되어 있다. 내호주머니 속에는 항시 대기 중인 그들이 있다. 우리는 그들과 함께 다니고, 그들과 함께 밥을 먹고, 그들과 함께 잠자리에 든다. 그들이 전하는 문자와 사진, 포스트, 댓글, 알림 등이 쉴 새 없이 스크린을 장식한다. 우리는 언제든지 세계 수십억의 인구와 접속할수 있으며, 지구 건너편에서 일어나는 일을 손안에서 볼 수 있다.

그러다 보니 우리의 정신은 쉴 틈이 없다. 우리가 바쁜지, 스마트폰이 바쁜지 헷갈린다. 지하철을 타보면 열의 아홉은 스마트폰을 들여다보고 있다. '수그리족'이다. 수그리족은 지하철이나 버스에서 고개를 푹 숙이고 스마트폰에만 몰두하는 사람을 가리키는 말이다. 어디 전철뿐이랴. 직장 회식, 모임, 데이트 장소에서도 스마트폰은 보란 듯이 옆에 놓여 있다. 마치 스마트폰이 부르면 즉시 답을 해야 할 막중한 임무를 띤 것처럼.

디지털 기기의 군림이다. 집 안에서 가족들끼리도 문자로 대화를 한다는 웃지 못할 얘기도 있다. 같이 있어도 얼굴은 못 보고 정수리만 본다고 한다. 무엇이 문제인가. 사람이 해야 할 일을 기계가 대신할수록 우리는 좀 덜 바빠야 정상이다. 비어 있는 시간이 남아돌아야 하는데, 현실은 그렇지 않다. 속도는 더욱 빨라지고, 분주함도 더욱 심해졌다. 여백과 거리가 사라졌다.

《속도에서 깊이로》를 쓴 윌리엄 파워스에 따르면 인류는 사회적 욕구와 개인적 욕구의 조화를 위해 노력해 왔다. 그 조화는 철학, 문학, 예술의 위대한 주제였다. 하지만 디지털 세상에서의 삶은 내면이 아닌 타인의 목소리에만 치우친다고 말한다. 그는 디지털 시대를 살아가기 위해 필요한 것은 '외부와 연결되고자 하는 욕망과 혼자만의 시간과 공간을 추구하는 정반대의 욕망의 균형'이라고 주장한다.

"스크린은 개인과 기업을 비롯한 다양한 조직에 필요한 업무를 손쉽게 해결해 주었다. 편리함과 즐거움을 제공할 뿐 아니라, 세상을 한 걸음 더 가깝게 만들어 주기도 했다. 하지만 스크린을 통한 네트워크가 촘촘해질수록 우리의 일상은 정신없이 바빠졌다. 그로 인해 우리는 매우 중요한 것을 잃고 말았다. 바로 시간을 두고 천천히 느끼고 생각하는 방법이다. 우리는 이를 두고 '깊이'라는 한 단어로 표현할 수 있다. 사고와 감정의 깊이, 인간관계의 깊이, 우리가 하는 모든 일의 깊이가 사라지고 있다. 충만하고 의미 있는 삶의 핵심인 깊이가 사라져 간다는 것은 충격적인 일이 아닐 수 없다."

깊이에 대한 인식이 필요하다

친구나 동료들에게 안부 전화를 걸어 보면 하나같이 바쁘
단다. 바빠서 그동안 연락을 못 했다고 애써 변명한다. 바쁘면 모
든 게 통하는 모양이다. 무색해진다. 직장 다니랴, 애들 돌보랴, 집
안 살림하랴, 눈코 뜰 새가 없단다. 책 보느라 바쁘단 사람은 한 사
람도 못 봤다. 책은 시간이 남는 사람이나 보는 것으로 전락했다.
더구나 책 대신 모든 정보가 들어 있는 스마트폰이 있지 않은가.

내 생각엔 바쁜 이유의 절반은 스마트폰 때문이다. 하긴 현
대인이라면 바쁘게 살아야 잘 사는 것이다. 바쁘지 않으면 뒤처지
거나 무능력한 사람으로 비칠 수 있다. 바쁠수록 성공에 보다 빠
르고 가깝게 다가간다고 믿는다. 과연 그럴까. 물론 바쁜 상황을
즐기는 이들도 있다. 바쁜 일상 속에서도 충분히 기쁨과 만족을
느끼며 행복을 발견할 수도 있다. 중요한 것은 '깊이'에 대한 인식
이라고 파워스는 말한다.

"내적으로 행복하고 충만한 삶, 혹은 '이게 바로 삶이야!'라고
느끼게 만드는 '뇌 안의 영상'을 가능하게 하는 가장 중요한 요소

가 있다. 바로 '깊이'다. 깊이가 무엇을 의미하는지는 모두 알고 있다. 하지만 딱 집어 정확하게 정의하기란 쉽지 않다. 깊이는 우리가 체험하는 삶의 단면들과 진정으로 연결되어 있을 때 느끼는 자각, 감정, 이해의 폭이다. …… 루트비히 판 베토벤, 미켈란젤로, 에밀리 디킨슨, 알베르트 아인슈타인, 마틴 루터 킹. 그들은 타고난 재능만으로 뛰어난 경지에 오른 것처럼 여겨지지만, 그들이 뛰어난 경지에 오를 수 있었던 이유는 그 타고난 재능에 깊이를 부여했기 때문이다. 그들이 사고를 통해 이룬 깊이, 작품에 쏟아부었던 깊이 때문에 가능했던 것이다."

네트워크 도구의 발달사

그렇다면 오래전 선인들은 어떠했을까. 문자가 발명되었을 때, 인쇄술이 보급되었을 때, 걷잡을 수 없이 확산되는 신종 문화를 두고 기성세대들은 탄식과 우려의 목소리를 터뜨리지 않았을까.

기원전 5세기 후반 그리스는 철학가, 예술가, 시인들의 황금시대였다. 당시 네트워크의 도구는 사람의 입이었다. 지식은 대화를 통해 전해졌고, 연설을 통해 다수에게 전파되었다. 입을 통해 사람과 사람 사이의 거리는 좁혀졌다. 소크라테스는 구두 네트워크를 십분 활용한 철학자였다. 그는 열렬한 대화 추종자였으며, 그가 나눈 대화의 기록들은 후대 플라톤에 의해 책으로 만들어졌다.

당대 최고의 사상가이자 말하기의 대가였던 소크라테스에게 어느 날 파이드로스가 두루마리를 들고 왔다. 문자라는 신종 기기였다. 소크라테스는 문자 언어에 부정적이었다. 위험한 발명품이라는 것이었다. 대화를 나눌 때처럼 정신이나 사상이 자유롭게 흐르는 것을 방해한다고 여겼다. 대화는 쌍방향이지만 문자는 일방적이라는 소크라테스의 주장은 신세대를 걱정하는 지금의 기성세대와 흡사하지 않은가.

문자라는 기적 같은 도구가 등장하면서 사람들은 읽게 되었다. 과거 1,000년간의 읽기는 눈으로 읽기가 아니었다. 소리 내어 읽기였다. 읽는다는 것은 사적인 활동이 아닌 공적인 활동이다. 당시에는 문자를 읽을 수 있는 사람이 드물어서 여러 사람이 모인 곳에서 읽어야 구두 문화가 유지되었다.

중세를 거치면서 다시 한 번 놀라운 신종 기기가 등장했다. 인쇄술이었다. 구텐베르크는 인쇄술을 발명하기 전에 거울을 대량 생산해 성공을 거둔 사업가였다. 그는 거울 생산 기술을 문자에 적용하였다. 1455년 그가 처음 인쇄했던 성경의 일부분이 무역 박람회에 모습을 드러냈다. 세상이 달라지기 시작했다.

역시나 그의 인쇄술을 못마땅해한 사람들도 있었다. 새로운 것은 언제나 오래된 것의 공격을 받기 마련이다. 그들은 인쇄술이 문명에 어두운 그림자를 초래할 것이라고 비관했다. 그럼에도 인쇄술은 문자와 지식을 빠르게 전파하며 개인의 사상과 철학에도 변화를 가져왔다. 사람들은 책을 읽으며 자유와 평등, 종교에 대해 깊이 생각하게 되었다. 책의 파급으로 세계사의 흐름이 바뀌었다.

외부와 차단된 '나'는 없다

지금은 책보다 편리하고 빠른 디지털 시대이다. 로버트 단턴은 즉각적이고 깊이가 사라진 디지털 시대의 책을 다음과 같이 말하고 있다.

"책은 정보를 제공하고, 쉽게 넘겨 보기 편리하고, 편하게 누워서 읽어도 좋고, 보관하기도 쉬우며, 쉽게 망가지지도 않는 정말 놀라운 도구라는 것이 증명되었다. 업그레이드하거나 다운로드받을 필요도 없고, 부팅을 하거나 암호를 입력할 필요도 없으며, 전원을 연결하거나 웹에서 가져올 필요도 없다. 겉모습은 눈을 즐겁게 하고, 손에 쥐기 편한 형태 또한 기쁨을 준다."

출판 시장의 일정 부분은 이제 전자책이 점령하고 있다. 만

져지고, 넘겨지고, 손때가 묻고, 모서리가 낡은 책의 모습이 아니다. 딱딱한 스크린 속의 책은 언제나 새 책이다. 사람의 흔적이 배어들 틈이 없다.

디지털 기기의 진화가 어디까지 지속될지는 아무도 모른다. 이미 사람들의 생활 패턴은 디지털화되어 있다. 우리의 생활에 디지털 기기가 들어와 있는 게 아니라, 우리의 생활이 기기 속에 들어가 있는 듯하다. P 사장처럼 하루라도 스마트폰이 없으면 안절부절못한다. 혹시 나만 정보나 뉴스, 문자를 놓칠까 노심초사한다.

외부와 차단된 '내면의 나'는 없다. 연결되고 접속되어야 내가 존재한다. 휴대폰을 잃어버린 P 사장은 곧바로 새 스마트폰을 구입했다. 공황 상태도 끝이 났다. 휴대폰이 없는 그의 주말이 궁금하여 어떠했는지 물었더니 그가 답했다.

"아무한테도 전화가 안 오니까 살 것 같더군요."